LA GERENCIA
IMPOSIBLE

Lucy Amado

La gerencia posible
© Lucy Amado

Primera edición, 2019

ISBN: 9781690795841
Depósito legal: DC2018002356

Coordinación editorial: Javier Cedeño
Edición: Cinzia Procopio

Diseño y diagramación: Keyla Brando | @La_Brando_
Portada: Jonathan Méndez

Nota preliminar

Estoy convencida que tener herramientas en el área gerencial para que estas puedan aplicarse de manera eficaz, tales como, el trabajo en equipo, la comunicación asertiva, el coaching,la negociación son de vital importancia en tu empresa. Luego de haber tenido una gran experiencia personal, tanto en mis empresas como en la difusión que le he dado de estos temas a nivel de video micros en la plataforma de YouTube, estando clara que esto debe de llevarse tanto a nivel universitario, materias y diplomados, siendo útil tanto en el sector público como privado. Es importante destacar que he tenido una vasta experiencia en los Encuentros Gerenciales, en donde he dado charlas y conferencias en estas áreas importantes para el crecimiento personal y empresarial. Si logramos una cultura organizacional, lograremos mayores entendimientos entre los equipos de trabajo, traduciéndose todo esto en productividad para la empresa y personal.

Es por ello que este libro representa un verdaderodesafío a nuestra cultura empresarial. Desafío que se traduce en enseñanza en todos los niveles, de una verdadera cultura organizacional y gerencial, y, a su vez, la intención de que por medio de estos temas y uso de estas herramientas prácticas, soluciones las distintas situaciones que pueden presentárseles dentro de sus organizaciones.

En el presente trabajo trato de manera sencilla y clara, de pasear al lector por temas como la cultura empresarial,, la atención y calidad y servicio al cliente, el coaching gerencial, equipos empoderados, la toma de decisiones, motivación al logro, la gestión del tiempo, lasupervisión efectiva, emprender en tiempos de crisis, ventas en tiempos de crisis, el stress laboral, la comunicación asertiva y otros temas de los cuales estoy segura que te ayudara a desarrollar con mayor facilidad el óptimo clima dentro de las empresa, ayudándote, tanto como gerente y como supervisado, traduciéndose así en una relación colaborativa entre ambos.

También, por medio de este libro, les presento una forma más metodológica de practicar de forma activa la cultura y vida empresarial, obteniendo verdaderas estrategias para la gerencia de estos tiempos de cambios.

Incorporar en esta obra el tema del coaching con poder neurológico es de suma importancia, pues si bien tendrán una visión del tema del coaching en general, de la misma manera tendrán la oportunidad de agregarle un ingrediente que lo hace muy poderoso y en la programación neurolingüística, tal y como lo he mencionado, puede traducirse en una mezcla explosiva a la hora de aplicarla y darnos resultados.

Mi experiencia como gerente en mis empresas, en donde he tenido que aplicar cada una de las herramientas que aquí les brindo más mis conferencias y charlas, han sido clave, pues la retroalimentación y la practica me ayudo significativamente en el desarrollo de la presente obra.

Invito al lector, que se convierta en una agente multiplicador de estos conocimientos. De esta manera se romperán paradigmas y se lograra incorporar soluciones en el área gerencial, teniendo como clave que un gerente se hace, no nace, y que con estos temas, fortalecerá aún más sus conocimientos y dará respuesta a las distintas necesidades que puedan presentarse en el día a día y estar dentro de sus organizaciones preparados constantemente a los cambios de este nuevo milenio.

Un *coach* no nace, se hace

Sería interesante tener claro el término *coach* (voz inglesa que significa "asesor"). Se entiende por *coach* aquel que asume el desafío de dirigir una organización o aspectos de una vida humana, propiciando actividades cuyos objetivos ayuden a alcanzar unas metas establecidas utilizando sus propios recursos y habilidades.

Esto amerita una larga y profunda formación de distintas áreas del aprendizaje, pues, al momento de asesorar y entrenar a un individuo o al personal de una empresa, tendrá que poner en práctica toda esa sólida formación a fin de detectar cuáles son las problemáticas y cómo encaminará su solución hacia el logro de objetivos y resultados. De esta manera, una vez puestos en práctica sus conocimientos no improvisará sino que, por el contrario, será asertivo en el logro de la transformación de la realidad.

En pocas palabras, si un *coach* es el gerente de una organización, este tendrá en sus manos el poder de que las cosas ocurran y estas no ocurrirán por arte de magia. Para ello deberá coordinar y valerse de todos los recursos disponibles: humanos, físicos, espirituales e, incluso tecnológicos, para que a través de la planificación, organización y control se logren los objetivos establecidos y producir los resultados deseados.

Para que un *coach* sea verdaderamente efectivo debe generar una gran dosis de confianza, de manera que pueda innovar los procedimientos hasta ahora implementados. En este sentido, un *coach* es responsable del éxito o del fracaso del equipo que tiene a su cargo. Un *coach* debe poseer un conocimiento profundo de las personalidades que tiene bajo su mando, de manera que sea capaz de encaminarlos a los objetivos propuestos. Debe disponer de voluntad para comunicar, debe desear y ser capaz de compartir información con el entrenado y estar dispuesto a tomarse el tiempo que requiera este esfuerzo. Un *coach* debe tener la capacidad de:

Observar: esto es algo fundamental para lograr que el entrenado encuentre sus propias soluciones y permita a los individuos elegir sus alternativas con las que dispone para alcanzar sus resultados.

1. *Tomar conciencia*: la observación permite la toma de conciencia, de manera que el entrenador o *coach*, brinde herramientas específicas para elegir con consciencia y con efectividad.

2. *Determinar los objetivos*: es importante para un *coach*, dentro de un proceso, contar con objetivos claros, que sirvan de guía para la toma de decisiones y diseño de las acciones.

3. *Actuar*: una vez reunida toda la información, hay que actuar de forma sostenida en el tiempo. Es importante destacar que el entrenador acompaña de cerca al entrenado procurando la superación de las dificultades que aparecen al llevar a la práctica las acciones necesarias.

4. *Medir*: en todo momento es imprescindible computar si nos acercamos o nos alejamos del objetivo marcado. Esto permitirá tomar acciones correctivas y así contribuir a la obtención de logros marcados.

Temas como la motivación, liderazgo, comunicación, capacidad de negociación, entre otros, serán clave para el buen desempeño y se asumirán con responsabilidad. Al decir esto, hay que dejar claro que en esa responsabilidad estriba, no en el simple hecho de haber llegado a ser *coach*, sino en el cumulo de experiencias prácticas, tiempo y formación tanto personal como profesional que determinará finalmente si es la persona idónea y capaz para asumir tan importante rol dentro de una organización, y es el de convertirse en un patrón o modelo de conducta a seguir.

En pocas palabras, definiría desde mi perspectiva que el mérito que tiene un *coach* de asumir ese liderazgo y esa responsabilidad, y que se hace impostergable en estos tiempos que la sociedad lo demanda más, está en sus niveles de eficiencia, efectividad, productividad, excelencia, competitividad y calidad, en su desempeño tanto personal como profesional.

Todo esto no se logra de un día a otro, aunque se pudiera decir que de manera empírica, pudiera ser un *coach* de hecho, más no de derecho. ¿Qué quiere decir esto? Que existen personas con una aptitud *pro coach*, y aunque no hayan pasado por todas las etapas de formación y conocimientos formales, aplican estos conocimientos de manera empírica, pero que indudablemente tendrán que fortalecer su formación de manera acelerada bajo una adopción intensiva de nuevos conocimientos que lo harán más apto para su función como *coach*.

Con el logro de esta formación y capacitación que no se detiene nunca, obtendrá, en su vida y organización, un verdadero equipo de trabajo armónico, proactivo y eficaz en donde todos

apunten hacia una meta: la productividad con el logro de los resultados deseados.

Es importante destacar que un *coach* facilita el aprendizaje
y promueve cambios tanto emocionales como conductuales, de
manera que potencia el liderazgo y garantiza la adquisición de
competencias, y garantiza una calidad de vida.

En este sentido, conocernos mejor es muy útil, pues fortalece
nuestra autoconfianza, optimiza nuestra gestión del tiempo, logra
fortalecer el equilibrio entre distintas áreas de nuestra vida (laboral, afectiva, familiar, salud, placer, entre otros) y en definitiva, a
disfrutar más de la vida.

Cultura Empresarial

Al hablar de cultura empresarial debemos pensar en ello como el conjunto de formas de actuar, de pensar y de sentir que comparten todos los miembros de una organización.

Será lo que identifique a la empresa frente a los clientes, proveedores y todos aquellos que saben de su existencia. Lo conforman sus normas, sus valores y hábitos, que lo distinguirá de otras empresas.

Es importante señalar que, aunque las empresas provengan de un mismo sector, estas tendrán distintas formas de pensar y actuar. No tendrán ni siquiera los mismos objetivos ya que no tienen la misma cultura empresarial.

Un trabajador cuando entra a formar parte de una empresa, no solo debe conocer su cultura, que deberá ser informada explícitamente, sino que observará su entorno y se adaptará e identificará con ella. Es una parte muy importante de la empresa ya que mientras todo va evolucionando y la empresa crece, el personal cambia, los objetivos pueden cambiar o incluso crecer, pero la cultura de la empresa permanece por encima de todo. Puede resumirse como algo inamovible.

La cultura en las empresas puede comunicarse u observarse, ya que si bien hay actuaciones, sentimientos y pensamientos que se pueden comunicar como los principales valores de la empresa, hay otros factores influyentes que se sienten, que intervienen inconscientemente en las acciones de los miembros de la empresa. La cultura de la empresa, además de conocerla, se vive.

En esencia puede decirse que la cultura empresarial es el código de conducta y comportamiento de las personas que componen una empresa, propiciando un clima laboral ideal, con productividad y eficiencia.

ACCIONES PARA CREAR Y MANTENER LA CULTURA EMPRESARIAL

1. Definir la cultura empresarial. Muchas empresas cuentan con una misión, una visión y una descripción de sus valores, pero estos conceptos pueden ser solo palabras bonitas colgadas en la pared, si poco se relacionan con el comportamiento de sus empleados. De hecho, para que la cultura pueda coexistir con la realidad –fuera de su diseño–, es necesario precisar cada concepto y detallar su significado. Su renovación constante con todas las partes interesadas dependerá de la adaptación del grupo humano a esta. Por lo tanto, es indispensable pensar, hablar y comportarse de manera congruente con los principios de la cultura que se desea implementar.

2. *Establecer el comportamiento de la cultura empresarial.* No es suficiente tener claras la misión, la visión y los valores de la empresa, también se requiere modelar constantemente los comportamientos alineados con esa cultura.

Un ejemplo de estos tipos de comportamientos se puede observar en la cultura de servicio al cliente: "Saludar al cliente desde el primer contacto", "Sonreír al cliente y preguntarle cómo podemos ayudarlo", "Dejar cualquier actividad que estemos realizando para asistir a los clientes".

3. *Manejar el ambiente conversacional.* Las palabras no solo describen el mundo sino también lo crean. Es esencial que las empresas pongan mucha atención en las conversaciones que se generan a lo interno, tanto formales como informales. Desde los altos ejecutivos hasta el personal de base, deben asegurar de manera constante que las conversaciones que sostienen estén alineadas con la cultura que deseamos tener. Si esto no ocurre, se debe procurar una redirección de estos diálogos. Un ejemplo práctico: cuando alguien se queja, o habla mal de otros debemos llamar a la persona, escuchar la queja y ayudarla a canalizar el descontento de la manera correcta y guiarla hacia otro tipo de conversación.

4. *Ser coherente con lo que se dice y con lo que se hace.* Muchos empresarios y ejecutivos hablan acerca de los valores de la empresa, pero se comportan de forma opuesta. Adicionalmente, los procedimientos y las políticas internas, en ocasiones dictan comportamientos contrarios a la cultura deseada, como es el caso de una supuesta cultura de confianza versus la táctica de revisar los enseres de los empleados antes de que salgan de las oficinas. En este sentido, es sumamente importante que los jefes y líderes sean un ejemplo constante de la cultura que desean crear y promocionar.

5. *Periodo de prueba al contratar a los empleados.* Además de las habilidades técnicas y de la experiencia expresada en un currículo, es necesario que las personas contratadas pasen por un periodo –definido de antemano–, adecuándose a la cultura de la empresa. Los periodos de prueba son importantes porque permiten evaluar si las expectativas que se tienen de esa persona pueden cumplirse o, por el contrario, les costará mucho adecuarse.

La cultura organizacional es importante, pues esta puede ayudar a detectar problemas y encontrarle solución lo antes posible. Con ella se pueden formar grupos de trabajo con aptitudes similares con el fin de ofrecer un rendimiento más productivo. Tener la cultura organizacional bien definida permite integrar al personal nuevo para que entienda a cabalidad los objetivos que persigue el negocio, y permite encontrar un perfil profesional que se adapte mejor a los requisitos del cargo.

Atención y Calidad de Servicio al Cliente

En el día a día siempre se presentarán diversas situaciones de conflictos; malos entendidos, falta de comunicación o momentos de tensión. Lo importante es saber resolver, de forma pacífica, estos contratiempos "normales" de la vida cotidiana, debido a que también se pueden ver reflejados en el ámbito laboral, afectando la atención y calidad de servicio que una empresa brinde a sus clientes. De manera que es indispensable que todos los que trabajan en el área de servicio o atención al cliente conozcan cómo utilizar algunas herramientas que existen en la disciplina de la resolución de conflictos: negociación, mediación y conciliación, que permiten solventar, de manera pacífica estas complicaciones; tomando la energía del conflicto y transformándola a algo positivo, eliminando todas las posibles consecuencias negativas que pueden derivarse.

Cómo ayuda la resolución de conflictos en la atención y calidad de servicio al cliente

La resolución de conflictos con la aplicación de sus herramientas pacíficas, logra que se instaure una cultura del diálogo, en la que todos aprenden a conversar, negociar, mediar y llegar a acuerdos satisfactorios, haciendo posible una correcta relación con los clientes, permitiendo a la empresa conocer los cambios en sus actitudes y expectativas, y poder anticiparse en sus necesidades.

Por eso, el área de atención al cliente debe fortalecerse con la ayuda estratégica de la resolución de conflictos y sus herramientas, ya que escuchar todos los días problemas de otras personas exige estrategia, asertividad e inteligencia emocional.

Así, los miembros de la empresa, (tanto clientes internos como externos), tienen que tomar decisiones y asumir, con todos los clientes, una actitud humana, resolutiva y estar dispuestos al diálogo, sin tomar nada como personal para poder resolver problemas o dudas que, generalmente, tienen que ver con:

1. Productos o servicios.
2. Reclamos.
3. Garantías y cambios.
4. Devoluciones.
5. Promociones o ventas especiales.

Manejar correctamente estos aspectos, con armonía y diálogo, potencia las buenas relaciones con los clientes, lo que será beneficioso para la empresa, pues tener clientes satisfechos constituye una ventaja competitiva. Y estos clientes satisfechos se quedarán si, además de una buena atención, reciben calidad de servicio, un ámbito en el que la resolución de conflictos, la negociación y la medicación son igual de determinantes.

Se entiende por calidad de servicio el buen trato, la obtención del producto o la asistencia al cliente, en el caso de tratarse de un servicio, cubriendo las expectativas del consumidor final. La calidad del servicio es un elemento imprescindible para la existencia de una empresa. Es la clave de su éxito o de su fracaso. Cuando estas expectativas se cumplen –y a veces se superan–, los clientes mantendrán una relación con la organización y le serán fieles, pero si la calidad del servicio no llena sus expectativas se irán, porque ellos esperan ser atendidos, escuchados, comprendidos y ayudados para la obtención de un producto o servicio con la menor pérdida de tiempo posible y con el mejor trato humano.

A los clientes les gusta ser escuchados, y de la misma manera, quieren y esperan un servicio que le dé respuestas sinceras ante las distintas inquietudes que puedan presentar, teniendo en cuenta que hay que brindarles asesoría oportuna en todas las situaciones. Y es aquí donde entra la ayuda de la resolución de conflictos, con una comunicación de doble vía para llegar a acuerdos (negociación), o con la ayuda de un mediador que funja como un tercero imparcial, entre las partes en conflicto (mediación).

Cómo se aplica la resolución de conflictos en el área de atención al cliente

Ahora bien, vamos a ver cómo se deben aplicar estas herramientas de resolución de conflictos, que tanto ayudan en la atención y calidad de servicio al cliente. Uno de los principales medios de resolución pacífica de conflictos es la negociación.

Definición de negociación

Es un medio básico para lograr lo que queremos del otro. Es una comunicación de doble vía para llegar a un acuerdo, que se establece cuando hay intereses comunes, pero a la vez hay intereses contrapuestos.

Veamos un caso de la vida diaria a fin de que se identifique la negociación de forma práctica:

"Un día llegué a mi casa muy apurada a la hora del almuerzo para comer con mis hijos. Apenas entre a la casa –un tanto retrasada en mi horario– me encontré con que mis dos hijos estaban prácticamente trabados en una lucha frontal. Joaquín, el mayor, quería tomar unas naranjas que le había regalado su papá el domingo, mientras que Gabriela, la más pequeña, reclamaba las naranjas y no con menos fuerzas que Joaquín. En medio de ellos, Martha, la consecuente señora que me ayuda en los deberes del hogar, casi era aplastada por los dos niños. Con la intención de solucionar todo mejor que nadie, le di cinco naranjas a Joaquín y otras tantas a Gabriela. Posteriormente nos sentamos a almorzar, lo que me indicó que el conflicto había sido resuelto.

En la noche, cuando volví a casa, le pregunté a la señora Martha que le había pasado a los niños con las naranjas. La respuesta fue que al niño le preparó un jugo de naranja y la niña un dulce de naranja que le había pedido la maestra para el colegio.

Al recordar este momento reflexiono, ¿Consideran que esta fue una negociación exitosa? ¿Acaso había tenido más jugo de naranja el niño? ¿Había tenido más dulce de naranja la niña?

Situaciones similares se presentan con frecuencia en la vida cotidiana. En donde se enfrentan distintos procesos de negociación, en los que se debería obtener los mejores resultados.

MEDIACIÓN Y CONCILIACIÓN

La mediación constituye una variable del proceso de negociación, con la diferencia que entra en el terreno de juego un tercero imparcial –el mediador–, el cual aplica técnicas de negociación, lo que se traduce en una negociación asistida.

Es importante destacar que, según este punto de vista, el mediador se comportará como un facilitador, y, al hacerlo, "facilita" el diálogo y la comunicación entre las partes. Una mediación estará dirigida por un tercero neutral, que no tiene autoridad decisiva, solo busca soluciones objetivas para las partes.

Mientras que la conciliación es un mecanismo alternativo de conflictos, que busca, de manera pacífica, solucionar los conflictos, sin acudir al poder judicial. La conciliación es un procedimiento de solución directa y amistosa de las diferencias surgidas en un determinado conflicto. Las partes en controversia, con colaboración activa del conciliador, ponen fin al conflicto celebrando un acuerdo.

Una vez analizadas las ventajas que trae la resolución de conflictos, tanto en la atención al cliente como en la calidad en el servicio, es preciso ya poner en práctica herramientas como la negociación, la mediación y la conciliación, tomando en cuenta que esto es lo que hace que la empresa se destaque de todas las demás y que esta actitud sea la que mantenga al cliente en la empresa.

Hay que manejar estrategias de resolución de conflictos para el logro de estos aspectos; aprendiendo a identificar el conflicto, sus elementos y la importancia de los patrones. Si los trabajadores no manejan estas herramientas, por más conocimientos que posean en relación a la calidad del servicio o atención al cliente, no podrán manejarse ante la cotidianidad de contratiempos que, de seguras, se presentarán de manera acelerada y con constantes procesos de cambios.

En este sentido, existe otro punto importante de destacar, para finalizar; nunca será posible brindar una atención al cliente y una excelente calidad del servicio si no se aplican las herramientas de resolución de conflictos en el ámbito personal, de la misma manera, si no se posee una paz interna no habrá un buen ánimo. Aspectos como la comunicación, los valores y la cortesía deben ser aplicados en la vida personal y laboral.

Es por ello, que el desafío en la resolución de conflictos de manera pacífica es lograr el efectivo manejo de él y tener claro que este ha existido siempre y seguirá existiendo. Lo importante es cómo abordar y manejar las problemáticas, sabiendo que la clave del éxito está en aprender a negociar y llegar a acuerdos pacíficos y satisfactorios.

Coaching gerencial como herramientas para una gerencia eficaz

La dinámica del mundo moderno enfrenta cambios acelerados día a día, este dinamismo permite que todo gerente tenga herramientas para enfrentar los obstáculos externos e internos a fin de alcanzar las metas y objetivos. Ser el autor y creador de tu propia realidad como gerente hace que te conviertas en un *coach*. El propósito es que el gerente deje de ser víctima de las distintas circunstancias que pueda afrontar a diario convirtiéndose en creador de su propia realidad.

El *coaching* gerencial se convierte en la ayuda que todo gerente debe tener para fortalecer sus competencias, de manera que pueda responder exitosamente a los requerimientos de su organización y de su entorno en general. En este sentido, el *coaching* gerencial logra que se puedan adaptar más fácilmente a los cambios surgidos, además se logra un mejor desempeño profesional y personal por medio del desarrollo de competencias, de manera que pueda ir alcanzando el equilibrio entre los distintos aspectos de su vida, obteniendo con ello una relación personal más profunda de forma que disfrute sus acciones y obtenga un sentimiento de auto realización.

Es importante mencionar, que dentro de la evolución como ser humano, distintos factores se conjugan: psicológico, espiritual y personal. Con lo cual, el manejo adecuado de las emociones permite superar el estrés, mantener altos niveles de concentración, formar valores, desafiar las creencias que influyen en el logro de metas y el equilibrio entre vida personal y profesional. Sin embargo, no es fácil para el gerente de hoy manejar de forma adecuada los distintos factores a los que se enfrenta, por lo que en ocasiones entra en un conflicto interno.

Es por ello que las áreas de psicología, educación y aprendizaje, logran crear, articuladamente, una manera adecuada del manejo de conflictos, ayudándolo a resolver problemas tanto personales como profesionales, y que en el mundo de hoy se le conoce como *coaching* gerencial.

Definición de COACHING

Podemos afirmar que desde los años cincuenta y sesenta fue emergiendo esta disciplina hasta conocerse como *coaching* gerencial, que no es otra cosa que el acompañamiento, la asesoría o el entrenamiento en materia de programas de aprendizajes que brindan soluciones a los problemas. A partir de allí se desarrolla la técnica del *coaching*.

Puede decirse, entonces, que el coaching puede ser entendido como aquel sistema que engloba una estructura, unos conceptos y procesos, junto a unas herramientas de trabajo y formas de liderazgo que, de manera muy particular, permite seleccionar y crear grupos de trabajo. De la misma manera, un *coach* ayuda a su equipo de trabajo a mejorar sus destrezas por medio de estímulos positivos basados en la observación que hace a su personal y su entorno.

Se entiende por *coaching* (asesoramiento personalizado) el proceso de ayudar a personas o equipos de trabajo a rendir al máximo sus capacidades. Ello supone extraer fuerzas de esas personas, ayudarlas a trascender sus barreras y limitaciones personales para alcanzar lo mejor de sí mismas y facilitarles poder actuar de la forma más eficaz como miembros de un equipo. De esta manera el *coaching* gerencial, requiere poner el énfasis tanto en las tareas como en la relaciones.

También podemos inferir que el *coaching* consiste en preparar, entrenar y facilitar el crecimiento de las personas, aplicando una metodología estructurada y eficaz, que permite impulsar el liderazgo aportando más productividad en el equipo de trabajo.

Porqué necesito un *coaching* gerencial en mi empresa si puedo manejar las funciones de un gerente

El *coaching* gerencial es importante porque permite una intervención profesional orientada a desarrollar y fortalecer sus competencias (actitudes, conocimientos, y habilidades funcionales, comportamentales y conceptuales), logrando de esa forma responder de manera exitosa los requerimientos de su organización y de su entorno en general. Dentro de los objetivos de un *coaching* general tenemos: adaptarse a los cambios, lograr un mayor desempeño profesional a través del desarrollo de sus competencias, disfrutar de estas acciones y de los sentimientos de autorrealización.

Beneficios y herramientas que brinda el uso de un *coaching* gerencial

Dentro de los beneficios del *coaching* gerencial está el desarrollo de las capacidades, de las habilidades e incremento del cono-

cimiento. De la misma forma produce una retroalimentación demostrada en alta calidad. Mejora el desempeño y la productividad
de la empresa y en el ámbito personal. Otro aspecto importante es
que mejora el comportamiento y la actitud del entorno. También
con el *coaching* gerencial se logra incrementar la capacidad de
aprendizaje, vale decir, se aprende más rápido. Otro aspecto importante es que con esta herramienta mejora la relación entre el
gerente y sus supervisados, aportando una mejoría en la calidad
de vida de todos los involucrados, permitiendo al gerente-entre-
nador tener más tiempo para dedicar a sus otras funciones.

Un *coaching* efectivo se caracteriza por el positivismo, confianza y rara vez corrige, que a su vez se presenta con suma mode-
ración. En este sentido es importante resaltar que así como el *coaching* tiene unos beneficios, también posee unas características
determinantes: en primer lugar; ser concreto, es decir, se focaliza
en aquellas conductas que pueden ser mejoradas. Un *coach* utiliza
un lenguaje directo y anima a la persona con quien establece una
relación; en segundo lugar, el *coaching* es un proceso interactivo:
existe una responsabilidad compartida para trabajar juntos en la
mejora del desempeño, y por último, una característica esencial,
el respeto, que se utiliza como modelo primordial.

Cuáles son las barreras de un *coaching* gerencial

Podría decirse que algunas de las barreras del *coaching* gerencial es el rechazo de algunas empresas –o gerentes–de aplicar
o participar en un proceso de *coaching* por falta de tiempo, de
recursos, presiones de corto plazo para el logro de metas... También se toma como excusa la falta de capacidad o habilidad entre
los ejecutivos de los niveles medio y bajo. El temor de perder el
control y la pérdida de poder de la alta administración, así como
también la estructurada cultura empresarial hacen imposible la

aplicación del *coaching*. En pocas palabras, puede decirse que la barrera al *coaching* es el miedo al cambio.

EL ÉXITO EN EL *COACHING* GERENCIAL

Para decir que existe éxito en un *coaching* gerencial, debe destacarse que el *coach* debe de ser integro, y estar excelentemente preparado. Otra condición especial es que el cliente esté deseoso de trabajar con el *coach*, para que con su ayuda y orientación pueda extraer y utilizar sus potencialidades. Tomando esto, el proceso de *coaching* debe de ser iniciado solo y exclusivamente si el cliente lo desea y de la misma manera debe tener la voluntad de someterse a un proceso de *coaching* a fin de solucionar sus problemas. Debe existir una disciplina en cuanto a tareas, horario y frecuencia. Debe existir una estrecha comunicación entre el *coach* y el entrenado, así como debe existir una definición clara de los objetivos a lograr. Por último, debe prevalecer la confianza y la confidencialidad para el logro de objetivos y el éxito del entrenado.

Debemos resaltar que el *coaching* gerencial tendrá como objetivo construir relaciones, habilidades de comunicación y trabajo en equipo. Su aplicación traerá como consecuencias cambios internos y externos, así como impacto o asertividad tanto al equipo de trabajo como a la empresa y su vida en general.

El *coaching* es una manera de buscar liderazgo con una movilización de los equipos de trabajo hacia el éxito. Los mejores *coachs* son aquellos que son capaces de motivar a los demás para que tengan éxito tanto en su desempeño personal como laboral, manteniendo el esfuerzo para el logro de objetivos, creyendo en uno mismo y sobreponerse ante los fracasos. Un *coaching* gerencial hace que generemos equipos ganadores encaminados al éxito.

Coaching y la PNL: acción en los cambios

La PNL (Programación Neuro-Lingüística) y el *coaching* son una combinación explosiva. Genera resultados poderosos y duraderos en personas o empresas que requieren de este servicio. La PNL entrega las herramientas necesarias para lograr moderar la excelencia del ser humano, mientras que el *coaching* permite entregar las estrategias adecuadas para reconocer el punto de partida, establecer metas y aportar herramientas necesarias para lograr dichas metas, tanto a corto, mediano y largo plazo.

Como hemos dicho anteriormente, podemos definir el *coaching* como el desarrollo potencial del capital humano, una manera de relacionarse, de escuchar, de ser, que a través del autoconocimiento y la introspección permite conocerse más y convertirse en un nuevo observador de la realidad.

Ayuda a fomentar el liderazgo y mejora el rendimiento de quienes lo aplican. Aplicado a equipos de trabajo, es una disciplina que proporciona un enfoque orientado a soluciones y resultados, creando conciencia, propósito, competencias y bienestar.

En cuanto a la PNL, podemos definir la Programación (Conocimiento) como la creación de nuestros propios programas a través de la experiencia adquirida (los sentidos) y la interpretación de nuestro lenguaje, que determinan nuestro comportamiento. Algunos de estos comportamientos nos favorecen, otros nos limitan, y algunos son conscientes, y otros no. En cuanto al Neuro (Pensamiento), determina nuestra manera de pensar, nuestros sentidos nos permiten tomar información de nuestro entorno y procesarla, mediante nuestro sistema nervioso, consciente o inconsciente. Por último, la Lingüística (Lenguaje), nos permite utilizar nuestro lenguaje para interpretar y describir nuestra experiencia, para describirnos a nosotros mismos creando nuestra propia realidad, nuestro modelo de mundo, y a los demás. Al tomar conciencia de ello podemos enriquecer nuestra comunicación e incrementar nuestra habilidad de persuasión mediante el uso de modelos y estructuras del lenguaje.

Beneficios de la PNL

Uno de los beneficios de la PNL es hacernos conscientes de los programas que nos limitan, y si fuimos capaces de generarlos o programarlos, podemos también reprogramar aquellos programas que son ineficientes para el logro de resultados satisfactorios. Al utilizar herramientas de PNL podemos modificar nuestro pensamiento accediendo a estados plenos de consciencia y de recursos en cualquier situación. La Programación Neurolingüística nos enseña a utilizar el lenguaje interno de nuestro cerebro, a través de imágenes, sonidos y sentimientos para comunicarnos con nosotros mismos y con el entorno, y decidir cómo comportarnos, brindando las herramientas necesarias para asumir el control de nuestra propia vida y de nuestro comportamiento.

Características del *coaching*

1. *Se centra en objetivos.* Busca claridad en el cómo y cuándo y porqué alcanzar los resultados en la organización.
2. *Es flexible.* Brinda opciones dentro de un espacio para promover la creatividad y la búsqueda de múltiples y variadas maneras de llegar a los resultados.
3. *Potencia los cambios.* Brinda herramientas a los gerentes para potenciar cambios a través de la "invitación" y no la "imposición", generando un ambiente de convicción para lograrlos.
4. *Promueve las relaciones.* Despierta el interés de la gerencia por el enfoque sistémico y la importancia de unas relaciones humanas de calidad en la organización.

Beneficios del coaching y virtudes de la PNL para lograr cambios

El *coaching* gerencial propicia situaciones de ayuda en la organización, sin que deba confundirse con algún tipo de terapia, aunque la disciplina se apoye en la PNL, inteligencia emocional y análisis transaccional. Cuando nos topamos con situaciones emocionales extremas, las escuchamos empáticamente, las contenemos y ayudamos al cliente, para que se dé cuenta de cómo esta situación afecta los diferentes contextos de vida. La PNL es un medio excelente para hacer *coaching*. Un *coach* con PNL no solo podrá diseñar planes de acción para el desarrollo y promoción de habilidades y capacidades más ajustadas a las necesidades del cliente, sino que también posee una mayor conciencia y compresión de la forma de pensar de este, tanto en su estructura profunda como superficial. Un *coach* con PNL llevará a su cliente a comprender sus valores y creencias más profundas. Guiará al cliente a reconocer qué propósitos persigue al plantearse la meta y como esta se fundamenta tomándose en una realidad congruente.

Uno de los aportes fundamentales de la PNL al *coaching* es que incorpora el *Raport* o sintonía en la relación con el cliente. Esto ocurre cuando el *coach* aprende a igualar su comportamiento, pensamiento, respiración, comunicación y lenguaje no verbal con el cliente. Con esto persigue que el cliente estémás abierto a él, con menos críticas y más receptividad y disposición a aceptar lo que él tiene que decir.

Equipos Empoderados

Hoy en día un equipo es la principal máquina de progreso de cualquier organización. Este cambio cultural es desafiante para modelos jerárquicos y autoritarios. Los líderes de hoy necesitan dominar los factores esenciales del trabajo en equipo.

La importancia de empoderar un equipo de trabajo radica en hacer que los procedimientos sean más rápidos y eficientes, evitando cuellos de botella. Esto no significa que todas las personas en el equipo harán lo que quieran. Nadie conoce mejor su trabajo que quien lo ejecuta permanentemente. Por lo tanto, cada persona tiene autoridad en lo que hace.

Cada miembro de un equipo realiza una tarea y como se dedica a ella conoce muy bien cómo funciona, por lo tanto esta persona podría perfectamente tomar decisiones referentes a dicha actividad. Una decisión que altere todo el proceso del equipo, entonces, sale de su rango de decisión y ahí sí entra el líder a jugar su papel.

Para empoderar a un equipo de trabajo se debe, en primer lugar, trabajar con base en la confianza; es decir, debe ser capaz de tomar decisiones por sí mismo y saber trabajar en su área haciéndolo bien.

En segundo lugar, se empodera un equipo cuando se es capaz de asumir riesgos, pues si un miembro del equipo se equivoca, no puedes reclamárselo, apuntarlo y pretender que asuma solo las consecuencias y responsabilidades de su decisión.

En tercer lugar, debe respetarse las decisiones tomadas, si se va a empoderar a un miembro del equipo debe hacerse de verdad, y respetar las decisiones que se tomen.

En cuarto lugar, debe de existir una retroalimentación. Todos aprendemos de todos porque nadie es perfecto. Las sesiones de retroalimentación nos permiten darnos cuenta de que lo que hacemos lo hacemos bien, y nos muestra las cosas que podemos mejorar.

De acuerdo a muchos estudios, la tendencia global es que los ejecutivos que son responsables del capital humano, trabajen en el rediseño de la organización para su adaptación al siglo XXI. Al respecto, la única forma de afrontar la volatilidad, la incertidumbre, complejidad y ambigüedad en la que se está sumergido, es siendo ágiles, es por esto que se requiere con urgencia reorganizarse.

En el pasado, las empresas estaban diseñadas para la productividad, por ello se construían complejas estructuras, jerarquizadas y compartimentadas, donde las iniciativas se dictaban de arriba hacia abajo. Sin embargo, estas estructuras no son ágiles, más bien son lentas como unos mamuts, imposibles de mover y responder a los cambios acelerados actuales.

Entonces, se preguntarán cómo deberían de ser las organizaciones hoy en día. Las empresas que están en la cima del éxito, las que son altamente eficaces y productivas, operan como redes de personas empoderadas, coordinadas a través de la fuerza de la cultura de la empresa, la tecnología digital y el talento.

El primer paso hacia la adaptabilidad es cambiar las jerarquías por un modelo donde el trabajo lo realizan los equipos. Equipos reducidos entre 4 y 6 personas. Es esencial que estos equipos estén motivados y empoderados. Es decir, que sean integrados por personas que valoran positivamente formar parte de la organización, que sienten que tienen mucho que aportarle a ella. Deben sentir que crecen, que se desarrollan junto a sus compañeros de equipos y que colaborando juntos, sumando talentos, son capaces de resolver cualquier reto. De este modo, las decisiones y la acción fluyen en todas direcciones, en 360 grados.

CARACTERÍSTICAS DE LOS EQUIPOS EMPODERADOS

Hoy en día no basta con formar equipos más o menos eficaces en las organizaciones, sino que estos han de poder cumplir con su cometido. Ahora bien, hay que identificar las características de equipos empoderados:

1. *Propósito y valores.* Un equipo de alto rendimiento comparte unos valores y unas metas comunes. Tienen, además, un sentido claro de su visión y su misión. Si no comparten esos valores, carecen del nexo de unión que hace que todos los integrantes toquen al unísono, como en una orquesta bien dirigida. La falta de valores comunes hace que el equipo se desafine.

2. *Empoderamiento.* Se ha dicho previamente, que para liderar hay que empoderar. Un equipo de alto rendimiento lo forman personas empoderadas, que confían en sí mismas y en sus capacidades, que sienten que tienen autonomía, que comparten la información entre ellos sin temor, que funcionan de manera horizontal dejando que, en cada momento del proyecto, lidere la persona que tenga la mejor capacidad para hacerlo.

3. *Relaciones y comunicación.* En un equipo de alto rendimiento la comunicación fluye libremente, se escucha más que se habla y se comparten pensamientos y también emociones. Los miembros no tienen que ser amigos, pero sí verdaderos compañeros, se apoyan entre sí, se conocen y se respetan. Se valora la diferencia como fuente de creatividad y como generadora de nuevas opciones.

4. *Flexibilidad.* El equipo debe ser flexible, intercambiar los papeles, se respetar las opiniones. Son personas con un mapa mental amplio, que les permite alternar los roles cuando sea necesario e incorporar la visión de los otros sin sentirse por ello atacado en su ego.

5. *Óptima productividad.* Se caracterizan por ser personas que están inmersas en un proceso de mejora continua, que cumplen plazos y objetivos y que no se conforman con hacer lo justo.

6. *Reconocimiento y aprecio.* El *feedback* es esencial para que un equipo de alto rendimiento funcione. No podemos progresar en un proyecto sino tenemos la debida retroalimentación sobre lo que está sucediendo, y reconocimiento por nuestra labor y contribución. Este *feedback* ha de venir tanto de los propios compañeros, del líder o directivo, como de la organización en sí misma.

7. *Moral.* Cuando se dan las características anteriores, la moral del equipo sube de manera natural. Las personas se sienten motivadas y alentadas en su quehacer cotidiano. Cada miembro siente que forma parte de algo más allá de sí mismo, pero a la vez que su papel es un engranaje clave para que esa maquinaria funcione.

Muchos líderes creen que para alcanzar una meta tienen que controlar cada parte del proceso para no dejar margen a la equivocación. Sin embargo, es importante tener claro que los colaboradores deben hacer uso de su propia habilidad y disciplina para lograr cumplir con sus tareas.

La toma de decisiones

Hay que tener en cuenta que las personas enfrentan la resolución de problemas de manera diferente, basadas en su experiencia y su historia. Existen distintos modelos en relación a la toma de decisiones, en las cuales se plantea de manera efectiva para tener una visión más amplia de ella.

La toma de decisiones es un proceso mediante el cual se realiza una elección entre diferentes opciones o formas posibles para resolver diferentes situaciones de la vida en distintos contextos: empresarial, laboral, económico, familiar, personal, e incluso social, a fin de que se pueda resolver un problema tanto actual como potencial. Puede decirse que la toma de decisiones se refiere a la elección *correcta* entre diversas opciones para concretar un proyecto.

Se define también a la toma de decisiones, como la selección de un curso de acciones entre alternativas. Los ingenieros, en ocasiones, consideran la toma de decisiones como su trabajo principal ya que tienen que seleccionar constantemente qué se hace, quién lo hace, cuándo lo hace y cómo se hará.

Sin embargo, la toma de decisiones es solo un paso de planeación ya que forma parte esencial de los procesos que se siguen para la elaboración de los objetivos o metas trazadas. Poco se puede juzgar en relación a la acción, porque cada decisión debe estar bien engranada con otros planes. Los gerentes se caracterizan por tomar decisiones. Uno de los principales roles de un gerente es precisamente tomar una serie de decisiones tanto grandes como pequeñas.

Es importante señalar que ser asertivo en la toma de decisión es la ambición correcta de una gerencia. Para lograrlo, se requiere contar con un profundo conocimiento y una amplia experiencia en el tema.

En la puesta en práctica de la toma de decisiones en la organizaciones, hay que tomar en cuenta la frecuencia, si dichas organizaciones tiene normas y regulaciones relacionadas con un proceso por medio del cual un gerente puede llegar a planificar estrategias, diseñar políticas y alcanzar objetivos.

Si bien no existe un conjunto de normas únicas para cualquiera de estas funciones, todas van a estar relacionadas con distintas formas de toma de decisiones, por lo que puede elaborarse una lista de pasos que podrá aplicarse a todas las situaciones de las tomas de decisiones.

Características de la toma de decisiones

Existe cinco características en la toma de decisiones: en primer lugar, tiene efectos a futuro, esto quiere decir que tendrá una influencia a largo plazo, con lo cual puede ser considerada como una decisión de alto nivel. Sin embargo, las decisiones tomadas para el muy corto plazo, pueden ser decididas a un nivel bastante inferior en la organización.

Todo esto se refiere a la rapidez con lo que la toma de decisión puede revertirse y la dificultad que traduce en realizar ese cambio. Si revertir y cambiar es difícil, es oportuno que la toma de decisión se tome a nivel alto dentro de la organización; ahora bien; si cambiar o revertir se presenta fácil, entonces la toma de decisión le corresponderá a un nivel inferior o bajo dentro de la organización.

En segundo lugar, en las tomas de decisiones debe evaluarse la reversibilidad, pues esta se refiere a las áreas que se verán impactadas por esta. Si el impacto es amplio, lo indicado en esta situación es que la toma de decisión se haga en altos niveles, ahora bien, si el impacto es único y no afecta a gran escala entonces podrá decirse que es una toma de decisión de bajo nivel.

En tercer lugar, en las tomas de decisiones debe evaluarse el impacto que esta produce en las relaciones laborales, valores éticos, imagen de la empresa, entre otros. Si estos elementos se ven involucrados, la toma de decisión debe ser a nivel alto, por el contrario, si es un impacto único y no tan determinante entonces podemos hablar de una toma de decisión a nivel bajo.

Otra característica en la toma de decisiones es la calidad de la misma, pues si la decisión fue evaluada con una calidad y fue emanada desde niveles altos, su consecuencia será positiva dentro de la organización.

La periodicidad es otras características de la toma de decisiones, en donde se evalúa si esta es tomada de forma frecuente o de forma excepcional. En este sentido, las decisiones de alto nivel son excepcionales, mientras que las frecuentes provienen de niveles medio.

La toma de decisiones en distintas situaciones

En la generalidad de los casos, puede decirse que la toma de decisiones se toma en medio de un ambiente de incertidumbre. Aunque esta puede variar de acuerdo a la certeza o no que se tenga de la situación. Es importante destacar que la toma de decisión lleva consigo ciertos riesgos implícitos.

En el caso de que se tomara una decisión asertiva, las personas que conforman la organización estarán relativamente seguras sobre lo que ocurrirá como consecuencia de esta, pues contarán con elementos que considerarán confiables y será más fácil medir tanto la causa como el efecto de ellas.

Ahora bien, en el caso de una toma de decisión en medio de un ambiente de incertidumbre, los conocimientos de esta serán muy pocos. En rasgos generales, no se sabrá si estos son confiables y la inseguridad estará presente como elemento, en donde se producirán cambios sin saber cuál será la consecuencia. Por ejemplo, una empresa que desee ampliar operaciones en otro país, y la situación política en este es volátil, en donde ni los expertos puedan predecir consecuencias incluyendo las económicas, se enmarca en una situación de alto riesgo. Es importante destacar que los administradores cuentan con valiosas herramientas que ayudan a la toma de decisiones eficaces en un ambiente lleno de incertidumbre.

Toma de decisiones en equipo

Es sabido que en líneas generales, es el supervisor a quien toma las decisiones, pero también hay que considerar que en ocasiones, contar con un buen equipo de trabajo será ventajoso al momento de tomar decisiones. Hoy día, la toma de decisiones es tomada por equipos de trabajos que puedan ser parte de una estructura estándar. Las decisiones en equipo pueden utilizarse con mucha eficiencia si el supervisor maneja bien la situación. En este sentido, es importante ganarse el apoyo del equipo de trabajo, en donde se señala el valor que tiene darle solución a los problemas. Es importante que el equipo de trabajo exprese de forma abierta y franca, todos los aportes creativos, fallas o errores en los cuales pueden incurrirse.

Es importante señalar que al momento de tomar decisiones difíciles, es dificultoso hacer felices a todos. Y quizás no se presente nada agradable.

Es fácil sentarse a criticar, la manera en que la alta gerencia hace las cosas. También es fácil acusar a la gerencia de no preocuparse por la gente. Cuando a uno no le gusta lo que está sucediendo, la tendencia natural es buscar a alguien a quien culpar.

En conclusión, un gerente tiene que familiarizarse con el circuito básico de la toma de decisiones y reconocer sus ingredientes elementales. Una vez reconocidos, debe prestarse atención al carácter de quien toma las decisiones, tanto individuales como de grupo. Un gerente debe tener un buen juicio, inteligencia y valor para tomar la decisión, aceptando con responsabilidad su sentencia, separando a las personas ordinarias de quienes toman decisiones excelentes.

Líderes y talentos, futuro de las organizaciones

El futuro de las organizaciones se visualiza de varias maneras, conociendo los productos y servicios que ofrece en su portafolio, la tecnología que incorpora en sus sistemas de gestión y también por otros factores como la cobertura y la participación, pero sin duda uno de los ingredientes claves de un diseño organizacional, pensando en su permanencia en el tiempo es el talento humano disponible para enfrentar los grandes desafíos que retan a la imaginación gerencial de estos tiempos.

Los procesos de selección de hoy día no pueden limitarse únicamente a cubrir una vacante, las organizaciones están obligadas a echar mano del pensamiento estratégico. La empresa debe ser capaz de intuir, en esa nueva unión, al líder que será capaz de desarrollar las capacidades requeridas para diseñar y ofrecer experiencias de servicios únicas. Y es así, como los colaboradores de hoy en día, debe de estar incluidos en los desarrollos futuros de una organización.

La formación directiva nace por medio de la necesidad de imaginar un futuro próspero y lleno de oportunidades, en creer que su oferta de valor será capaz de recibir el respaldo de sus clientes y de esta forma podrá caminar con firmeza y seguridad sobre las turbulentas aguas del mercado competitivo, que amenaza constantemente la estabilidad financiera de las empresas que continúan abrazando los éxitos del pasado. Si no cambian, debido a esta rancia estrategia, solo podrán mantenerse por un tiempo más dentro de los territorios conocidos pero pobres en oportunidades e innovación.

Promover la formación, el entrenamiento y el desarrollo en las organizaciones, se traduce en la permanencia de los talentos que se adaptan a la cultura empresarial, que son capaces de interpretar los retos y así superar los triunfos de aquellas organizaciones que valoran y promueven el desarrollo de su talento humano.

Al identificar las potencialidades y elaborar un programa orientado al desarrollo de las capacidades, al crecimiento de la empresa y a la articulación de las diferentes dimensiones de vida, la empresa será capaz de asumir la responsabilidad de construir un futuro, donde cada potencial líder reconozca los espacios y situaciones que le permitirán crecer mediante procesos de aprendizajes compartidos.

Es importante para las organizaciones elaborar un plan de carrera, en donde las empresas entiendan y sean capaces de desarrollar un proceso de *mentoring*, –que se traduce como la práctica de asignar a un miembro menor del personal el cuidado de una persona más experimentada que lo asiste en su carrera– necesarios para desarrollar el talento donde se acrisola el carácter, el conocimiento y las habilidades de quienes han sido seleccionados como futuros directivos de una empresa.

PASOS SUGERIDOS PARA ELABORAR EL PLAN DE CARRERA.

1. *Identificación de cargos críticos.* Se trata de saber cuáles son los cargos a los cuales están orientados los líderes, aquellos que serán un diferenciador con relación a su impacto en los términos esperados. Al hablar de críticos se refiere al futuro de la empresa, no a no tener el ocupante en el cargo. Nos referimos al impacto mismo que cause en la organización: carecer de la gestión esperada desde esa posición en términos de direccionamiento y control de recursos, orientación de recursos, orientado al trabajo en equipo y toma de decisiones que aseguren y consoliden la operación para lo cual responde el cargo.

2. *Definir el tiempo del programa.* En general se trata de tiempos que permitan, tanto a la empresa como al colaborador, desarrollar las diferentes fases del programa, en su contenido y su metodología, de manera que permita un tiempo de acompañamiento personalizado sobre los avances y mejoramientos requeridos en el proceso. El tiempo de formación no puede ser tan corto que deje inconcluso el proceso de formación o tan largos que genere ansiedad y que sientan los líderes y talentos de la organización que no serán capaces de llegar a la meta.

3. *Elaborar un presupuesto.* Es importante reconocer la diferencia entre gasto e inversión, esto fundamental en las organizaciones. Es significativo determinar un presupuesto anual capaz de visualizar una nueva versión de líderes.

4. *Acordar las políticas de ingreso y permanencia en el programa.* Los talentos son valiosos para el futuro de la organización. Es importante que la autodisciplina sea capaz de reconocer qué se hace para mantener a los líderes que representan los intereses de la compañía.

5. *Establecer un plan de retención.* La compensación es un componente muy importante en la capacidad que tenga la organización para retener al talento. No se trata únicamente de reconocer un modelo de reconocimiento económico, sino que también debe tomarse en cuenta factores que integren la familia, ofrecer espacios de formación, entrenamiento y el debido reconocimiento que vayan más allá del cargo en específico.

6. *Diseño y puesta en marcha del plan de entrenamiento y formación.* Una vez seleccionado el grupo de talentos con alto potencial que participarán en el programa y teniendo la logística requerida, es importante seleccionar a un grupo de *coach* y mentores que vivan el proceso alineados con la expectativa de la organización. Estos tendrán la responsabilidad de elaborar contenidos significativos que les permitan reconocer, mediante simulacros, simulaciones y otras técnicas, la importancia de profundizar en cada uno de los temas propuestos en el proceso. Es importante determinar los avances, ajustar y alinear el rumbo e incorporar nuevos aspectos que permitan validar los procesos de aprendizaje y asegure métodos de evaluación y calificación de los realizado.

7. *Transición de la entrega del cargo.* Es de vital importancia reconocer el tiempo que debe transcurrir desde que se inicia el proceso hasta que se recibe oficialmente la nueva responsabilidad para la cual ha sido formado. La transición debe ser respetuosa con quien entrega el cargo, y al mismo tiempo establecer con claridad los desafíos para el nuevo ocupante, de tal manera que haya un lapso, a menos que ocurra algo inesperado y no programado, que obligue a acelerar el proceso.

8. *Evaluación del desempeño en el nuevo cargo.* Pasado un tiempo prudencial, es sensato hacerle al ocupante del cargo una evaluación que permita reconocer la evolución de la gestión realizada y sugerir acciones de mejoras si lo amerita.

De esta manera, a quienes tengan la responsabilidad de diseñar y poner en marcha un plan de carrera dentro de una organización, permitirá reconocer el talento dentro de las organizaciones, dé forma que alcancen el éxito propuesto y obtener la realización de las metas tanto personales como organizacionales, en donde los líderes y talentos sean el futuro de la organización.

Motivación al logro

Al hablar de motivación al logro, se debe tener claro que todas las personas adquirimos socialmente tres necesidades. Una de esas necesidades es la motivación al logro o la motivación hacia el logro.

¿Cómo podemos definir a la motivación al logro? Al respecto se puede decir que es la predisposición de sobresalir en algo, superando los retos y alcanzando las metas establecidas. La motivación al logro se manifiesta cuando las necesidades básicas están cubiertas y somos capaces de orientar nuestra conducta hacia la superación personal y el auto crecimiento. Estas tareas se realizan con niveles de alta exigencia, rendimiento y constancia. La motivación al logro estará compuesta por los deseos de lograr lo establecido y no fallar.

La motivación al logro va más allá de otras clases de motivaciones. Es en realidad la superación desde el amplio sentido, mediante la consecución exitosa de todos los objetivos y metas propuestas con el máximo deseo de desarrollarse y crecer al máximo exponente.

Es por eso, que las personas que poseen una alta motivación al logro evitarán tareas fáciles. De la misma manera saben establecerse metas, por lo que desean mejorar siempre. En el mismo sentido, las personas que se encaminan a la motivación al logro desean desarrollarse en todos los ámbitos lo máximo que puedan, asumiendo la responsabilidad de resolver problemas y luchando por el logro personal.

Desde el punto de vista de la importancia en este tema, esta ha sido demostrada en numerosos estudios. A nivel laboral, personal y educativo se ha comprobado que hay una relación directa entre la motivación al logro y el éxito.

En este sentido, si sabemos hacia dónde vamos, el mundo entero se apartará para darnos paso. Pero, comencemos por el principio, por las definiciones. Esto nos dará una visión más amplia sobre el tema.

Definición de motivación al logro

La motivación al logro puede definirse como el intento de aumentar o mantener lo más alto posible la propia habilidad en todas aquellas tareas en las cuales se considera obligada una norma de excelencia y cuya realización, por tanto, puede lograrse o fracasar.

Se debe tener presente en la teoría del logro que todas las personas –y en sus diferentes niveles– se encuentran tanto la necesidad de logro como la de sustraerse al fracaso.

Las personas con motivación al logro tienden a seleccionar proyectos en donde los problemas plantean retos moderados, lo que lo conduce a esforzarse durante más tiempo antes de abandonar los problemas difíciles.

Las personas muy motivadas al logro, responden mucho mejor a las tareas y trabajos difíciles, ofreciéndoles mayores retos, con situaciones estrictas y con la posibilidad de volver a intentarlo a pesar de que haya fracasado.

Por el contrario, las personas que tienen temor al fracaso, suelen optar por problemas menos difíciles, tienden a reunirse con personas con menos capacidad de retos.

La motivación al logro también puede definirse como el deseo o tendencia de superar obstáculos, superando las tareas difíciles, lo mejor y más rápidamente.

La motivación al logro, se va a ver reflejada en aquellas personas que buscan el éxito en situaciones desafiantes que suponga un reto, es decir, que implique demostrar capacidad y que permita evaluar el desempeño del individuo.

Qué significa sentirse motivado

Se puede decir que la motivación es una estimulación que nos impulsa a una acción. Para ello, debemos tener una razón que nos permita dirigirnos hacia una meta, basada en nuestra capacidad de elegir libremente o no.

Existen personas que requieren constantemente de la motivación extrínseca, es decir, regulada y estimulada por el ambiente y el aprendizaje esperando algo a cambio, bien sea un premio o una recompensa. Otras personas en cambio, lo hacen basado en su motivación intrínseca, por el placer que les produce el simple hecho de realizar la actividad, no esperando dinero o bienes materiales, simplemente gozan y disfrutan lo que hacen.

Características de las personas con necesidad al logro

1. Buscan el triunfo de forma activa. Se ocupan de buscar soluciones y lo demuestran viendo cada situación como un desafío o reto a superar.

2. Son personas que evitan la rutina, pues les aburre.
3. Su objetivo es conseguir desafíos nuevos que le permitan ir superando obstáculos en forma creativa e innovadoras.
4. No creen en la suerte, pues ella es una mera probabilidad estadística.
5. Confían plenamente en su esfuerzo como mejor aliada para conseguir el éxito.
6. Son capaces de asumir riesgos, pero con los pies en la tierra. Son conscientes de sus capacidades, midiendo y asumiendo las consecuencias de sus decisiones.
7. Realizan las cosas por el gusto de hacerlas lo mejor posible.
8. Buscan el control de su propia conducta y se sienten seguros de sí mismos.
9. Sus metas implican un reto de carácter moderado, capaces de lograr sin extrema facilidad y sin máxima dificultad. De esa manera, aprenden cosas nuevas y logran lo que se proponen aumentando su autoestima.
10. Son características óptimas de personas con capacidades directivas, como filántropas, emprendedoras, etcétera.

¿INFLUYE LA EDUCACIÓN EN UNA PERSONA PARA TENER MOTIVACIÓN AL LOGRO?

Desde el punto de vista evolutivo, se considera que la motivación al logro aparece en los niños y niñas aproximadamente a partir del año y medio o dos de vida, desde el momento que son capaces de expresar "yo hice esto", y por ende, descubren que son capaces de hacer algo. Por lo tanto, se concluye que la motivación al logro surge a edades tempranas y la influencia de la familia y el modelo educativo influye mucho.

Cómo fomentar la motivación al logro

Ante esto nos hacemos la siguiente pregunta, ¿podemos como padres fomentar la motivación al logro en nuestros hijos y así logar que sean triunfadores? La respuesta es sí. ¿Y cómo lo lograríamos?

1. Propiciando experiencias de éxito por medio de actividades acordes a la capacidad de la persona.
2. Reforzando en positivo todo esfuerzo y reconocerlo en forma expresa y verbal.
3. Fomentando la automotivación para hacer cosas.
4. Respetando sus tiempos de ejecución y alentando a la conclusión de tareas.
5. Fomentando la participación y el compromiso en lo que se hace.

En conclusión, la tendencia de los seres humanos es ir en búsqueda del éxito, en situaciones desafiantes que supongan un reto; es decir, que impliquen demostrar capacidad, y que permitan evaluar el desempeño del sujeto.

La Gestión del Tiempo en las Organizaciones

El tiempo es uno de los recursos más importantes para un gerente, pues hay que tener en cuenta que para que podamos aprovechar y sacar el máximo partido al tiempo se debe ser y estar organizados.

Una mala planificación nos hará perder mucho tiempo y esto estará ligado a la perdida de dinero o dejar de ganarlo. Una buena organización del tiempo, debe ir atada a una buena coordinación con el personal de la empresa. De esta manera, se aprovecharán las cualidades de cada empleado, no se repetirán tareas y mantendrán una buena comunicación con los departamentos internos.

Antes de actuar, planee bien cómo va a distribuir el tiempo. Por ello es importante que se tenga claro cuáles son los elementos que hacen perder tiempo, por ejemplo, una mala organización. El exceso de compromisos también representa otra manera de pérdida del tiempo. Las llamadas telefónicas, reuniones mal planificadas o a destiempo, hacen perder tiempo y energías que son vitales para una mayor productividad. Por último, la falta de delegación, representa una manera de perdida y mala administración del tiempo.

Pasos para que nuestro trabajo sea eficaz

En primer lugar debemos tener limpio y organizado nuestro lugar de trabajo; en este sentido, cada cosa en su sitio y un sitio para cada cosa. Esto resulta muy fácil. Desde primera hora de la mañana todo debe de estar preparado para funcionar de la manera correcta. Puede ser que un cliente llame a primera hora del día, por ello hay que estar preparado para atenderle de manera correcta. En el puesto de trabajo el orden y la organización son la antesala de una mayor eficiencia. Cuando se trabaja de cara al público el orden debe ser aún mayor, imagínese, por ejemplo, entrar en una tienda y ver que todo está desordenado, eso da una mala imagen del lugar y de la persona que atiende. El sitio de trabajo debe estar lo mejor posible, a fin de provocar el deseo de compra de los clientes.

En segundo lugar, cuidar nuestra imagen personal es indispensable, por nosotros mismos, por nuestros clientes externos (e internos), pues somos la imagen de la empresa.

En tercer lugar, procuremos hacer las cosas en orden; en muchos casos nos apetece empezar a trabajar por lo que más nos gusta y dejamos de último lo más complicado. Cambiemos ese orden, a primera hora del día nos sentimos más fresco mental y físicamente para enfrentar los asuntos más complicado, y en la tarde ya no rendiremos con la misma eficacia. También recomiendo llevar de manera planificada la agenda diaria.

Estos son algunos de los *tips* más importantes que harán que nuestro trabajo en la empresa sea más eficaz y más planificado.

Sistemas para controlar y administrar el uso del tiempo

En primer lugar tenemos las causas teóricas de malversación del tiempo en la empresa. Estas vienen dadas por falta de información, comunicaciones lentas y absurdas, interrupciones constantes, desorganización de los colaboradores, exceso de urgencias, llamadas telefónicas, burocracia, errores de terceros, visitas al exterior, salidas para resolver problemas, excesos de reuniones e incompetencia de los jefes.

En cuanto a las causas reales de malversación del tiempo en una empresa, tenemos: la falta de organización personal, la confusión de prioridades, escasa delegación en nuestros colaboradores. También incurrir en el exceso de optimismo cuando apreciamos nuestras habilidades y potencial de trabajo, representa un mal uso del tiempo. Aunado a esto, sumemos la impuntualidad y el control del horario, la dilación de las decisiones importantes, la precipitación en otras decisiones sin analizar antes el fondo o el origen del problema.

La planificación del tiempo

La planificación logrará que dediquemos tiempo a cosas importantes: las cosas que solo uno puedes hacer y cuáles se deben hacer para una fecha tope. La planificación nos ahorra tiempo. Marque objetivos y metas y mida el progreso al comparar lo que se ha logrado realmente con la meta original. Organice su mesa de trabajo, y por sobre todo, organícese usted mismo.

De todos los recursos que tienen que gestionar la empresa y las organizaciones en la consecución de objetivos, el tiempo es uno de los más escasos. Si no se dispone de una cultura empresarial adecuada ni de un mínimo de organización es impensable plantearse una estrategia para gestionar y controlar el tiempo.

El primer paso que debe darse para una gestión eficaz del tiempo es comprender el concepto de tiempo y sus objetivos personales, porque en ausencia de una clara definición de los objetivos que se tiene, cualquier técnica de planificación y gestión del tiempo será inútil.

Principios rara la gestión eficaz del tiempo

1. *Planificar por adelantado.* Planificar es la piedra angular en la que se basa la gestión del tiempo. Pero no consiste solo en crear una buena planificación o programa, hay que saber llevarla a cabo. Esto supone ser preciso sobre la realidad diaria de trabajo y el resto de las responsabilidades, tener en cuenta las interrupciones, conflictos y retrasos habituales. Como si fuera una prenda de vestir, hay que sentirse cómodo y que quede un poco amplio por si se encoge.

2. *Programar actividades para el ocio.* Los mejores planes de gestión del tiempo nos acompañan durante toda la vida, y no solo incluye las horas de trabajo. Hay que programar periodos de tiempos dedicados a la familia, los amigos, tiempo libre propio, proyectos personales o especiales, sobre todo porque tendemos a dedicarles el tiempo que "sobre".

3. *Prometa menos y cumpla más.* Establecer fechas de entregas viables. Supone una buena idea sobreestimar el tiempo que se piensa que se va a dedicar a un trabajo para asegurarse el plazo de entrega a tiempo, incluso si aparecen contratiempos, y en segundo lugar, sorprender positivamente terminando antes de los previsto.

4. *Dividir los trabajos grandes en tareas manejables.* Es muy fácil aceptar trabajos de grandes proporciones. Para ello debes dividir un trabajo enorme en pasos manejables, estableciendo un horario para llevar a cabo cada paso y reduciendo paulatinamente el alcance del proyecto. Todo esto con menos presión y estrés.

5. *Seguimiento de los progresos.* Cada proyecto de envergadura requiere de su propia organización, agenda y calen-

darios para identificar los pasos principales en el camino a su consecución. Tú progreso debe responder a tu plan.

6. *Delegue lo que pueda.* Se delega la autoridad, no la responsabilidad. Acepte que enseñar a otra persona puede llevar un poco de tiempo y permita una curva de aprendizaje razonable. El beneficio será palpable y dispondrá de más tiempo.

7. *Establezca parámetros para decir no.* Todos conocemos gente que establecen sus límites de tiempo. Puede parecer excesivo pero también sabemos que muchas personas terminan trabajando hasta tarde o se llevan el trabajo a casa de vez en cuando. Por ello, es posible que para esta gente haya llegado el momento de decir no. Y no solo es válido para los demás sino a uno mismo. Trabajar durante horas y horas dañan el equilibrio entre el trabajo y el ocio necesario y básico para la salud y el bienestar.

8. *Haga y siga una lista de prioridades.* No hace falta ser un experto para elaborarla.

9. *Agrupe tareas según las capacidades requeridas.* Para sacar mayor partida a su tiempo, trate de realizar los trabajos más difíciles para el momento del día que tiene más energía. De la misma manera, trate de coordinar su rutina y tareas de bajo nivel para las horas del día que resulte más difícil concentrarse. El truco está en identificar las horas de mayor rendimiento y programar su trabajo en consecuencia.

No todo el tiempo disponible tiene el mismo valor para trabajar eficazmente. Es posible controlar algunos factores y estrategias que mejoren el rendimiento en el trabajo aplicando algunas recetas sencillas. Es por ello que el horario dedicado a la jornada laboral, el bienestar y el rendimiento sea bien distribuido. Una

parte del tiempo dedicado al bienestar ligado al trabajo, dependerá del tiempo dedicado a uno mismo.

El tiempo óptimo de ocupación para producir bienestar osci-
la, en nuestra cultura, entre 5 a 9 horas diarias, dependiendo del
tipo de tarea o responsabilidades. Menos de ese tiempo se sentirá
vacío, y si es mayor se encontrará fatigado, cansado y su rendimiento será bajo. Para evitar esta situación, es necesario tratar de
no extender la jornada laboral más allá de los límites normales, a
menos que sea por una situación puntual y justificada.

El problema de no delegar

Numerosos líderes enfrentan serias dificultades a la hora de delegar autoridad. Este simple hecho puede comprometer la estrategia de la ejecución en sus funciones. Ante esto, podemos preguntarnos cuáles son las causas por las cual no se delega. En primer lugar tenemos el factor confianza. Al no confiar, se desea controlar. Al respecto, un líder debe saber prever si una persona va a cumplir realmente con lo requerido. Y en el caso de que no cumpla, ¿qué se hace? Ante esto es muy importante recompensar y promover a aquellos que hacen que las cosas sucedan.

La falta de claridad es otro factor que interfiere para no delegar. Como gerente debemos preguntarnos cuán claro somos como gerente o cuán específica es la función que se estableció para determinada persona. Ese es el foco de la ejecución. Las personas que no son claras vuelven complicadas las cosas simples.

Otro aspecto importante y que está presente en las causas de no delegar es la imposibilidad de decir no. Es importante tener el coraje de aprender a decir NO, porque toda elección implica riesgos.

Un buen líder que desee delegar de manera correcta, debe de comenzar a hacer preguntas directas e incisivas, esto ayudará mucho a aclarar las situaciones complejas. También es importante definir lo que se va a hacer, quién lo va a hacer y cuándo se va a hacer. Hay que ser específico y enfocado, así es como se logra ver el compromiso con el proceso. También resulta sumamente importante hacer un seguimiento, manteniéndose informado de un proceso, acompañando a la persona en cada paso de la ejecución.

Otro punto importante es ubicar a las personas adecuadas en los lugares adecuados. El ser dueño de una empresa no quiere decir que sepa todo, quiero decir, se necesita a un personal que desempeñe y contribuya a que la empresa sea exitosa y funcional. Pero si no delega las responsabilidades propias de cada uno y no se ciñe al sentido común al pedir resultados, en realidad el personal siempre estará de más.

Al no delegar pone en duda su propio criterio de contratación y esto sería totalmente absurdo. Se debe aprender a delegar tareas y confiar en cada persona para el puesto que fue contratado.

¿Qué es delegar?

En términos simples, delegar supone la asignación de una tarea o proyecto específico por parte de una persona a otra y el compromiso de la persona asignada de completar la tarea o proyecto. Es una de las destrezas más importantes que demuestran los gerentes exitosos y con frecuencia los gerentes sobrecargados la descuidan o pasan por alto. Quienes delegan con eficacia emplean mejor su tiempo planificando las asignaciones y organizando los recursos para alcanzar las metas de la manera más productiva posible.

Al delegar, no solo se transfiere la responsabilidad a otra persona, sino también la obligación de rendir cuentas por mantener las normas establecidas.

BENEFICIOS DE DELEGAR

Una delegación eficaz puede tener beneficios a corto y a largo plazo para usted, su personal y su organización. Al delegar, puede reducir su carga de trabajo y nivel de estrés eliminando de su lista tareas pendientes, tareas para las cuales otras personas están calificadas. Esto le permite disponer de una mayor cantidad de tiempo para enfocarse en proyectos que requieren sus destrezas y autoridad en particular, al igual que en las tareas de nivel más alto, como la planeación a largo plazo y la elaboración de políticas.

PREPARARSE PARA DELEGAR. QUÉ SE DEBE O NO DELEGAR

Al prepararse para delegar, primero se necesita aclarar mentalmente el o los propósitos de la delegación. ¿Necesita disminuir su carga de trabajo? ¿Estimular a los miembros del personal para que desarrollen nuevas destrezas? ¿Lanzar un proyecto o una función completamente nuevos? ¿Proporcionar a los miembros del equipo visibilidad y reconocimiento? Luego, debe determinar qué tareas necesita delegar y qué destrezas y capacidades se requerirán para complementar satisfactoriamente la asignación. Por último, asociará la asignación al miembro del personal más adecuado.

Es importante evaluar su propia carga de trabajo para determinar qué tareas, proyectos y funciones debe considerar para la delegación. Algunos trabajos lo pueden ejecutar fácilmente otras personas, pero quizás, en muchos casos como gerente, disfruta haciéndolos usted y no deseas renunciar a ellos.

Algunos trabajos los pueden realizar otras personas con la capacitación o experiencias adecuadas. Delegar más asignaciones puede proporcionar a los miembros del personal oportunidades de desarrollar nuevas destrezas y talentos y aumentar la reserva de personas que puedan asumir la responsabilidad de asignaciones decisivas.

Si una labor es muy importante como para delegarla en otros, piense en compartir esa responsabilidad. Por ejemplo, en lugar de escribir un informe de cuenta completo, podría identificar las ideas clave junto con un miembro de su personal y luego pedirle que redacte todo el informe o las principales secciones de este para que se revise.

Es importante no caer en estas creencias: "Yo puedo hacer mejor esto y en forma más rápida que mi personal", o "no tengo confianza en mi personal", o "me gusta hacerlo a mi modo". Es importante tener cuidado con las palabras, pues estas puedan ir mermando su capacidad, potencial y crecimiento.

Un punto importante es no tener su escritorio lleno de asuntos pendientes solo porque no delega, eso le hará perder el foco, porque no solo quedará mal con sus clientes y proveedores en cuanto al tiempo de ejecución de las tareas, sino que su empresa en general se tornará deficiente y poco efectiva.

Ya sea usted dueño o gerente, debe dedicarse a las tareas propias, expandir su negocio, buscar oportunidades comerciales, mejorar la calidad de sus servicios de forma coherente y acertada, y llevar un control efectivo, pero este control nada tiene que ver con hacer el trabajo usted mismo, tiene que ver con la evaluación constante de la eficiencia de su personal.

Como líder de la empresa, no está obligado a saberlo todo ni a hacerlo todo, deje que otros le ayuden en el camino, porque dos piensan mejor que uno y si son están más enfocados en el adecuado trabajo de equipo, funcionará mucho mejor que si usted lo hace solo.

La Supervisión Efectiva. Parte I

El rol del supervisor ha cambiado en los últimos tiempos, anteriormente el rol del supervisor se basaba en la obtención de resultados a través de la dirección del personal, garantizar que los empleados tuviesen un entendimiento de las tareas que debían realizar y supervisar la labor de cada persona.

Hoy en día este rol ha cambiado, los supervisores están más capacitados para lograr involucrar a las personas con sus labores y hacer que estos se sientan comprometidos. De igual manera, el supervisor tiene la tarea de desarrollar buenos emprendedores, lograr que las personas generen ideas fuera de la caja y formar equipos de trabajo.

Sumado a esto, tendrá el rol de implementar nuevas ideas y direcciones para su equipo, idear formas creativas para el traspaso de información a su personal y manteniendo la sinergia y la fuerza del equipo de trabajo.

Tomando en cuenta lo anterior, la supervisión actual se ha transformado en lo que hoy se conoce como liderazgo, en este sentido, reconocemos la presencia de un líder porque reconocemos un equipo de trabajo que obtiene buenos resultados, trabajando de manera compenetrada, con entusiasmo, positivismo y alegría.

Cinco aspectos básicos de la supervisión efectiva

1. La autoconciencia.
2. Autorregulación.
3. Motivación.
4. Empatía.
5. Habilidades sociales.

Los siguientes consejos nos llevan hacia la supervisión efectiva de una forma resumida y simple, y de esta manera evaluar cuál es la actitud como supervisor, si piensa que los trabajadores no están haciendo su trabajo, posiblemente no se esté ejerciendo bien la labor de supervisor. Por lo tanto, se debe eliminar cualquier creencia negativa que se pueda tener de los empleados y se debe de enfocar en los resultados positivos.

De la misma forma, se debe de asegurar que el comportamiento del supervisor no entorpezca su gestión, se debe evitar ser controlador, obsesivo. El supervisor debe ser analítico, convertirse en el soporte del grupo y una guía para realizar las tareas pertinentes.

Es importante darles crédito a los empleados, y que el supervisor sepa cuáles son las tareas que está realizando, pues esto brindará confianza al equipo de trabajo.

Por último, el supervisor debe mantener un gran nivel de empatía con los empleados y su equipo de trabajo, y asegurarse el bienestar de las personas tanto dentro como fuera de la empresa.

Objetivos y características fundamentales de la función del supervisor

Dentro de los objetivos fundamentales del supervisor está, en primer lugar, el de asegurarse que cada quien dentro del equipo de trabajo, haga *bien* lo que tiene que hacer. De la misma manera deberá asegurarse que el equipo de trabajo haga mejor lo que tiene que hacer, así como cada quien haga *a tiempo* lo que tiene que hacer.

En cuanto a las características que debe tener un supervisor efectivo está el tener habilidades comunicacionales y potencialidades para el liderazgo, de la misma manera, debe poseer facilidad para establecer buenas relaciones interpersonales. Un supervisor debe ser organizado y debe ser capaz de influir positivamente en su equipo de trabajo. Debe tener capacidad para analizar, razonar, y capacidad para la toma de decisiones.

Otra característica sumamente importante es tener el conocimiento y las habilidades técnicas para el trabajo, por ello debe de ser pro activo, creativo y tener iniciativas y, por supuesto, tener habilidades técnicas para la supervisión.

La Supervisión Efectiva. Parte II

La supervisión efectiva es una combinación de liderazgo, motivación y relaciones humanas. No todas las personas son iguales y por lo tanto no pueden ser tratadas de la misma manera. Cuando hablamos de supervisión, el grado de motivación y la capacidad de la persona influyen en el estilo de supervisión que debe utilizarse en su situación.

Los estilos de supervisión están altamente relacionados con los estilos de liderazgos, tan conocidos y tan ampliamente difundidos. De todo esto se puede concluir que el supervisor de hoy en día es quien lidera un equipo, no es el capataz, o un observador "detector" de defectos.

Las grandes corporaciones, para mejorar las dotes de mandos de sus gerentes y supervisores, aplican el modelo situacional, un sencillo esquema que permite a los gerentes saber qué estilo de liderazgo resulta más efectivo en cada contexto.

¿Cómo funciona este modelo? En primer lugar, el supervisor debe evaluar los objetivos a alcanzar y las características del empleado a quien le asignarán una determinada tarea. En este sentido, según este modelo, debe distinguirse entre dos factores primordiales: capacidad y compromiso del empleado.

Prácticas del supervisor eficiente

Para un cambio de dinámica de supervisión dentro de una empresa se deben emplear las siguientes premisas:

1. Definir las responsabilidades. Establecer claramente cuáles son las funciones de cada quien y sus responsabilidades a través de la descripción del puesto y sobre todo dejarse saber cuáles son las expectativas de la empresa con relación a su desempeño en el puesto.

2. Medir resultados. Los resultados del empleado se miden por el desempeño de este durante el proceso, no por el tiempo específico que le dedica a la actividad.

3. Delegar responsabilidades. Las decisiones relacionadas a sus funciones las toma el empleado. Él es completamente responsable de sus decisiones y responde conforme a ello.

4. Comunicar. Se visualizan los tres tipos básicos de comunicación-comportamiento cultural para determinar la forma más adecuada de que la comunicación sea efectiva.

5. Integrar. Lograr el balance adecuado entre los sistemas, equipos y el recurso humano de forma tal que pueda crearse un proceso simple pero efectivo de trabajo en equipo.

6. Formar y desarrollar. Debe ser un proceso continuo, constante y consistente. Esta es una de las funciones críticas del supervisor.

Debe quedar bien establecido que estos planteamientos se aplican a todos los niveles de la estructura organizacional. Bien sea el dueño de la empresa o el máximo representante de las estructura organizacional, es decir, el gerente general, es el primero que debe aplicar estas medidas.

En este mismo contexto, es importante tomar el alcance de la supervisión. Si las funciones están claramente definidas, el supervisor estará debidamente focalizado en los puestos que directamente le reportan. Un cambio en las dinámicas de supervisión significa aumento de la productividad, mejora del clima laboral y lo más importante, un incremento de las utilidades de la empresa.

Talento humano en una organización

La gestión del talento humano en una organización se refiere al proceso que desarrolla e incorpora nuevos integrantes a la fuerza laboral y que además desarrolla y retiene un recurso humano existente. Debe entenderse que el talento humano dentro de este contexto, busca básicamente destacar a aquellas personas que serán prioridad dentro de la organización. El proceso de atraer y tener colaboradores productivos se ha vuelto cada vez más competitivo entre las empresas, además de tener una importancia estratégica. En pocas palabras, se ha convertido en una guerra de talentos y más aún donde la competencia entre las empresas es muy dura.

La gestión del talento humano nació en los años veinte del siglo pasado y su continúa vigencia se observa en aquellas empresas que impulsan el éxito de su negocio y talento por medio de las habilidades de sus empleados. Las empresas que han puesto en práctica este tipo de gestión dentro de sus organizaciones han logrado solucionar problemas en la retención de empleados. Es necesario tener claro que un sistema de gestión del talento dentro de la estrategia de negocios debe ser incorporado y ejecutado en los procesos diarios de toda la empresa. Es decir, no puede recaer únicamente sobre los hombros del departamento de Recursos Humanos la labor de atraer y retener colaboradores, es una estrategia corporativa. Por lo tanto, todos los niveles de la organización deben identificarse con ella.

Tanto los gerentes como los supervisores deben desarrollar a sus subalternos inmediatos para alcanzar los objetivos de la organización.

Las empresas que logran desarrollar su talento, logran integrar planes y procesos a fin de dar seguimiento y administrar el talento utilizando un reclutamiento de candidatos con la debida formación competitiva. De la misma manera administrar sueldos atractivos y equitativos, brindar oportunidades de capacitación y desarrollo, establecer procesos para manejar el desempeño y administrar procesos de ascensos y traslados.

La gestión del talento humano en el ámbito organizacional, es el abordaje del manejo del recurso humano que no solo busca emplear al personal calificado y valioso, sino también enfatizar la retención. Es importante señalar que la labor de selección y reclutamiento del personal es costosa y por ello debe colocarse al individuo en una posición donde sus habilidades sean óptimamente utilizadas.

Se valora aún más la gestión del talento humano cuando las organizaciones descubren que resultan tres veces más caras para ellas realizar una nueva contratación para retener a uno de sus activos más valiosos.

Diez procesos claves en la gestión del talento humano organizacional

1. *Planificación de Recursos humanos.* Por medio de la proyección estratégica y la planificación de acceso y retención de talento.
2. *Reclutamiento.* Es la capacidad de atraer y contratar el talento; el reclutamiento efectivo para el talento obliga a diseñar una estrategia basada en el *employer branding*.
3. *Incorporación a la empresa.* Este proceso permite a los nuevos empleados convertirse en miembros productivos de la organización.
4. *Plan estratégico.* Es el proceso de desarrollo e implementación de planes para alcanzar las metas y los objetivos.
5. *Evaluaciones 360 grados.* La evaluación de 360 grados, es una herramienta que proporciona a los líderes la posibilidad de evaluar el desempeño de las personas.
6. *Desarrollo de liderazgo.* Son las actividades intencionales orientadas a objetivos que mejoran la calidad de las habilidades o actitudes de liderazgo de un trabajador.
7. *Desarrollo profesional.* Es el proceso de establecer metas y planes que enlazan con los objetivos y los logros individuales es la planificación de carrera.
8. *Programas de reconocimientos.* Es un método para reconocer y motivar a las personas y equipos que contribuyen, a través de su comportamiento y acciones, al éxito de la organización.
9. *Competencias.* Son esos comportamientos, características, habilidades y rasgos de una personalidad que identifican a los empleados con el éxito.

10. *Retención*. Es un esfuerzo sistemático centrado no solo en la retención del *top talent* de una organización, sino también para crear y fomentar un ambiente de trabajo acogedor.

La gestión del talento humano dentro de una organización ya no está basada en elementos como la tecnología y la información, la clave de una gestión acertada está en la gente que en ella participa. Lo que hoy se necesita es desprenderse del temor que produce lo desconocido y adentrarse en la aventura de cambiar interiormente, innovar continuamente, entender la realidad, enfrentar el futuro, entender la empresa y nuestra misión en ella.

Una herramienta indispensable para enfrentar este desafío es la gestión por competencias; tal herramienta profundiza el desarrollo e involucramiento del capital humano, puesto que ayuda a elevar un grado de excelencia las competencias de cada uno de los individuos envueltos en el que hacer de la empresa.

La gestión por competencias pasa a transformarse en un canal continuo de comunicación entre los trabajadores y la empresa; es ahora cuando la empresa empieza a involucrarse en las necesidades y deseos de sus trabajadores con el fin de desarrollarlos, respaldarlos y ofrecerles un desarrollo personal capaz de enriquecer la personalidad de cada trabajador.

Trabajo en equipo

A lo largo de la historia, los seres humanos hemos ido modificando nuestros hábitos y costumbres, utilizando la fuerza y el conocimiento para tratar de satisfacer nuestras necesidades y mejorar nuestra calidad de vida. Este intento de superación se realizó a través del trabajo y el empleo de recursos y energías, de forma tal que en la medida que se desarrollaba el trabajo, inevitablemente, se realizaba un intercambio tanto con el medioambiente como con los otros seres humanos.

Pero al trabajar, además de modificar su entorno, un individuo también se modifica así mismo, al vincularse de forma solidaria con otros individuos o grupos.

El concepto de *team* o equipo, tiene su origen en la versión deportiva del tema. Sin embargo, esta mirada, desde el deporte al ámbito organizacional a mediados del siglo pasado, donde sus distintos autores empiezan a reconocer la importancia de los equipos en las organizaciones, se centraba al principio en empresas y particularmente en algunos proyectos.

Un equipo es un número determinado de personas con habilidades complementarias que se compromete con un propósito, objetivos de desempeño y un enfoque común de trabajo, para lo que se haya disponibles.

En este sentido, las personas tienen la esencia de la concepción del equipo, no están separadas, se articulan a una compleja trama de interrelaciones que incluyen vínculos interpersonales, mandos organizacionales, contexto e historias individuales, entre otros. En el equipo está presente la noción de resultados, los resultados van en función de los objetivos determinados previamente, es el propósito realizado. La esencia de un equipo es ir en búsqueda de resultados y estos deben ser mesurables.

Definición de trabajo en equipo

El trabajo en equipo es el trabajo realizado por varios individuos donde cada uno hace su parte bajo el paragua de un objetivo común. Es una de las condiciones de trabajo psicológico que más influye en los trabajadores de forma positiva, porque fomenta el compañerismo. Puede dar muy buenos resultados, ya que normalmente genera entusiasmo y produce satisfacción en las tareas recomendadas, fomentan entre los trabajadores un ambiente de armonía y obtienen resultados beneficiosos.

Los equipos de trabajos elaboran reglas que deben ser respetadas por todos los miembros del equipo. Estas reglas proporcionan a cada individuo una base para predecir el comportamiento de los demás y prepararse para dar una respuesta apropiada. Incluye los procedimientos empleados para interactuar con los demás.

La fuerza que integra al equipo, y su cohesión, se expresa en la solidaridad y en el sentido de pertenencia al equipo que manifiesta sus componentes. Cuanta más cohesión existe, más posibilidades hay que el equipo comparta valores, actitudes y normas de conductas comunes.

Trabajar en equipo resulta provechoso no solo para una persona sino para el equipo involucrado. De esta manera traerá más satisfacción y nos hará más sociable, de la misma manera el trabajo en equipo nos enseñará a respetar las ideas de los demás y ayudar a los compañeros si es que necesitan de nuestra ayuda.

Cuándo un grupo se convierte en equipo

Un grupo se convierte en equipo cuando:
1. El liderazgo se convierte en una actividad compartida.
2. Cuando la responsabilidad o el rendimiento de cuentas pasa de ser estrictamente individual a individual y colectiva.
3. El grupo desarrolla su propia misión y propósito.
4. La solución de problemas se convierte en una forma de vida, no en una actividad a medio tiempo.
5. La efectividad se mide con base a resultados y productos colectivos del equipo.

Cinco elementos para un trabajo en equipo exitoso

El equipo requiere tener un objetivo en común único, y todos los miembros de ese equipo deben participar en el logro de la meta. Cuando se habla de un equipo de trabajo se hace referencia a un conjunto de personas que están enfocadas en un objetivo en común, y ese objetivo es separado en partes y asignado con responsabilidad a cada uno de los miembros. Si no se concretan cada una de esas partes el objetivo no se alcanza.

Los cinco elementos que todo gerente debe evaluar para que su equipo sea exitoso son: la complementariedad, el compromiso, la coordinación de acciones y la comunicación efectiva. Definamos cada uno:

1. *La complementariedad*. Las áreas que dan una experticia a unos, son diferentes a las áreas de los otros miembros del equipo. Es decir, que cada parte, cada miembro del equipo le aporta al logro del objetivo una experticia única, y diferentes a la del resto de los miembros, eso hace que lo que haga un integrante del equipo lo haces él como parte individual y permite de esa manera conformarse en un todo.

2. *Compromiso*. Hace que ese individuo se sienta involucrado y que pertenece al equipo. Es lo que hace mantenerse trabajando y aportando al equipo a pesar de las adversidades, de las crisis y de los obstáculos. Esto muy importante dentro de los equipos porque, de otra manera, los integrantes entrarían y saldrían de los logros de los objetivos.

3. *La confianza*. La confianza podemos dividirla en dos partes. La primera se relaciona con la confianza en sí mismo, la confianza individual que debe poseer cada uno de los miembros del equipo, en sus capacidades y en el aporte necesario desde la individualidad para el logro de objetivos. La segunda es confiar que todo el equipo lo puede lograr, la confianza de que cada uno de los miembros está dando todo lo que requiere y tiene a su alcance para el logro de objetivos y alcance de todos.

4. *Coordinación de acciones*. Todo el equipo se conforma alrededor de un objetivo que debe ser logrado en un tiempo determinado, ese objetivo se va a lograr si existe una buena planificación y una buena organización.

5. *La comunicación efectiva*. La comunicación es la puerta de entrada y de salida de todo equipo. Un equipo con una comunicación efectiva, reduce las brechas entre lo que dice uno y escucha del otro.

Diez razones para trabajar en equipo

Los grandes triunfos no los consigue un solo jugador sino el equipo completo. El talento hace ganar partidos, pero la inteligencia y el trabajo en equipo hace ganar campeonatos. Las razones para trabajar en equipo son:

1. *Complementar las habilidades y los talentos.* Cuando tenemos un equipo de trabajo diverso y bien enfocado, se pueden disminuir las debilidades y potenciar las fortalezas. Hay que encontrar gente distinta que esté dispuesta a cooperar y trabajar por un mismo propósito.

2. *Culminar más rápido las tareas.* Si todos trabajan en un mismo proyecto, apoyándose mutuamente, el tiempo invertido en una tarea es mucho menor. El trabajo en equipo es la clave para la productividad de una empresa.

3. *Confiar y ser confiable.* La confianza es el ingrediente básico del trabajo en equipo. Si confiamos en el personal y ellos en nosotros, es mucho más fácil alcanzar las metas y resolver problemas.

4. *Aumentar el sentido de pertenencia.* Si una persona se siente parte de un equipo, es más probable que sea leal a la empresa. Esto disminuye la rotación de personal y aumenta la motivación.

5. *Gratificar a todos.* Nada se siente mejor que un abrazo, un *give me five* de celebración cuando se cumple una meta de ventas o un proyecto exitoso. Estos sentimientos compartidos son imprescindibles para que una persona se sienta feliz, profesional y personalmente.

6. *Alejar la soledad.* Cuando tiene un equipo en quien confiar, la soledad nunca acecha. Se comparten ideas, alegrías y tristezas.

7. Alcanzar las metas. Muchas cosas no las podríamos lograr sin el apoyo de un equipo. Por eso es esencial que desde el principio elijamos a las personas correctas que aporten a nuestra cultura empresarial y a nuestra estrategia de negocio.

8. *Aprender más de uno mismo.* El trabajo en equipo ofrece un importante aprendizaje individual. Cuando realmente todos colaboran, cada miembro sabe para qué es bueno y en qué áreas necesita ayuda.

9. *Resolver mejor nuestros conflictos y encontrar nuevas ideas.* Dos cabezas piensan más que una. Para encontrar soluciones a nuestros problemas, nada mejor que compartirlos con los demás miembros del equipo y pedir que aporten ideas.

10. *Disfrutar.* Divertirnos con lo que hacemos. Hemos de procurar que en el equipo haya buena comunicación y sana convivencia; ayudar a hacer más fácil y disfrutable cada proyecto.

Cuando se trabaja en equipo, se aúnan las aptitudes y se potencian los esfuerzos, disminuye el tiempo invertido en las labores y aumenta la eficacia en los trabajos.

Las empresas valoran cada vez más, además de la formación de candidatos en determinado campo, otros aspectos imprescindibles para ser competitivos y ofrecer un servicio que tenga un valor añadido. En cualquiera de los niveles, sea un auxiliar o nivel de gran responsabilidad, se busca implicación, proactividad, liderazgo, y buena gestión de equipo.

Vender y Ganar

Llega un momento en que todo emprendedor se pregunta qué hacer para ganar más dinero, o dicho de otra manera, qué hacer o cómo conectar su propuesta de valor con su público objetivo. Realmente, es un tema que parece muy sencillo, vender y ganar, pero nos encontramos ante una realidad: no lo es.

En este sentido, no sé si se ha preguntado o conoce a alguien que haya pasado por la búsqueda de qué hacer para ganar dinero. Es como que si algo que creíamos saber a ciencia cierta, realmente no lo es y, al contrario, se transforma en toda una pesadilla. Es decir, tiene claro que hacer, lo que desea hacer, pero una vez que se enfrenta al mercado, en realidad no lo es. Los dos factores que debemos tener en cuenta para ganar dinero son usted y su cliente.

Y es así de sencillo, sabe que va a vender, pero no sabe a quién, o puede ser al revés. Pero, ¿qué pasa con la competencia? Mi recomendación es que no se fije demasiado en la competencia, pues esto lo distraería y traería como consecuencia la pérdida de clientes y estos son los que pagan sus facturas.

Por supuesto que debe tener claro que la competencia es importante, pero antes de fijarse en ella, debe hacer un buen análisis de quién es usted, qué ofrece, quiénes son sus clientes y que esperan ellos de usted.

Es por ello que debe tener claro lo que usted sabe hacer. Su cliente potencial tendrá así una idea en su mente cuando le habla o cuando escribe un artículo o cuando ofrece sus productos y servicios en su página web. Le doy un ejemplo, en vez de decir que usted es un *coach*, diga que ayuda a directivos a gestionar mejor su tiempo. O, en vez de decir que es ingeniero, diga que diseña elementos de seguridad para prevenir accidentes en el hogar. El cliente se va a preguntar:"Qué hay para mí" o "Qué gano yo con eso".

En segundo lugar, debe tener claro que vender es servir. Ante esto, ¿se ha preguntado a quién sirve y quién es su cliente ideal? ¿Ha identificado ese perfil que tiene un problema y cuya solución perfecta es su producto o servicio?

Investigue si su perfil de cliente perfecto está comprando ya soluciones similares a las suyas. Esto es sumamente importante. Su objetivo es saber qué se puede vender para ganar dinero, por ello está demás que desee inventar lo que ya existe, pues si un mercado no tiene competencia quizás es porque no exista el mercado. En esto debes utilizar la lógica.

Por ello, si vende servicios de posicionamiento, investigue si su competencia tiene página web, si invierte en visibilidad *on line*, como redes sociales y si existe otra persona ofreciendo servicios similares. Es por ello que su cliente potencial debe estar consciente que tiene un problema y que usted es capaz de resolverlo y, por supuesto, estar dispuesto a pagar para ello. Es importante que sea capaz de conectar lo que vende con lo que se necesita.

Por otro lado, no debe olvidar algo que es sumamente importante y es estar claro que para vender y ganar dinero, debe responderse las siguientes inquietudes:¿Puedo vender este producto? ¿Realmente quiero dedicarme esto? ¿Querrá mi cliente comprar mi producto o contratar mi servicio? ¿Puedo hacerlo?

Quizás para la primera interrogante la respuesta es que quizás no tenga el conocimiento o la suficiente experiencia para hacer lo que pretende, o a lo mejor no quiere hacerlo. Es importante que se plantee que, en relación a su negocio, quizás el tiempo de ejecución o logro sea a largo plazo, así que no se desgaste lentamente haciendo algo que no le gusta o algo para lo cual no está preparado. De la misma forma, ocurre con el cliente. Es decir, quizás pueda permitirse pagar por sus productos o servicios, y quizás no lo quiera porque considera que no lo necesita o no es útil para él.

Esto quiere decir que quizás en algún momento determinado usted visto que al vender obtendrá dinero, pero debe estar claro que para ello deberá de hacer un análisis previo.

¿POR QUÉ DEBE VENDER PARA GANAR?

La idea es que se convierta en un gran vendedor tomando en cuenta su profesionalidad y la expectativa del cliente. Pues la idea es conseguir una relación fructífera a largo plazo con el cliente.

Se debe tener en cuenta que la venta es un asunto infravalorado y muchas empresas creen que les puede ir bien aun sin emplear o formar y capacitar a sus vendedores. En muchos casos se piensa que los buenos productos se venden por sí solos y que los vendedores se convierten en un costo. De la misma manera los clientes no valoran en su justa medida a un vendedor, incluso hasta sienten un rechazo a su intromisión.

Hoy en día en distintas profesiones se ven obligados a convertirse en vendedores, ya sean abogados, agentes inmobiliarios, arquitectos, banqueros, pues requieren venderse a sí mismos para la obtención de sus servicios, pese a que existen casos en donde llegan a llamarle a los vendedores, consultores o ejecutivos.

Tomando en cuenta que cada día nuestro entorno es más competitivo, es necesario conocer los mecanismos de venta y de persuasión para progresar y sobrevivir. Es necesario que para que una empresa compita eficazmente, requiere de gente bien formada, con un conocimiento exhaustivo del producto y con la capacidad de detectar con rapidez las oportunidades.

Otro aspecto sumamente importante para ser un buen vendedor y ganar dinero es la motivación, sin esta no obtendrán los resultados deseados, aunque es sumamente importante como se mencionó ya anteriormente, que el sentido de pertenencia hacia el producto debe existir, pues, con estos dos factores, más la capacitación en ventas, se lograrán los beneficios económicos deseados.

Es importante que aplique estas herramientas clave para convertirse en un vendedor exitoso, debe mantener una relación fructífera con su cliente, apuntando a un ganar-ganar de ambas partes.

Ideas para vender y ganar dinero

Al respecto, si bien no hay una fórmula mágica, a menos que se gane la lotería, debes ser asertivo en el emprendimiento que inicia. Estas son las siguientes ideas: Productos digitales: consiste en información lista y empaquetada, lista para ser descargada. Estos pueden ser: libros electrónicos, cursos en línea, audiolibros. La clave de este negocio es que encuentre un problema que mucha gente tenga y deba resolverlo. Este tipo de negocio no requiere de gran inversión, solo en tiempo y utilizar aplicaciones adecuadas.

En segundo lugar: abra un blog. El blog es una plataforma donde puede publicar contenido. Los más exitosos son los que se enfocan en un público específico o proveen cierto tipo de información. Una vez que tenga un contenido sustancioso, puede ganar dinero, vendiendo publicidad o vendiendo productos digitales, servicios o consultorías. Es importante destacar que no es método rápido de ganar dinero, pero a la larga crea un ingreso estable.

Otra forma de ganar dinero es dar consultorías. Sobre todo si usted es especialista en una materia determinada. Las ventas multinivel representan otra forma de ganar dinero, convirtiéndose en distribuidor de una determinada marca y no requiere de una gran inversión. Robert Kiyosaki recomienda este método ampliamente, pues considera que este tipo de negocio, además de ayudarle a ganar dinero, ayuda a la gente con él, pues puede comenzar con poco dinero y poco tiempo.

Otra forma de ganar dinero es dar clases, tutorías y talleres, esta es una de las formas más tradicionales. Es importante que para que logre esto, sea conocedor de una materia. También dar conferencias en su área de conocimiento dará excelentes resultados. Por último, venda sus productos, desde carteras hasta barras energéticas; en pocas palabras, cosas que sepa hacer y vender. Los productos más exitosos son los que cubren una necesidad básica (comida, salud, higiene personal) o los productos que complementan los ya existentes (computadoras, telefonía celular, entre otros). No necesariamente debe ser usted quien fabrique el producto. Lo importante es tener una buena idea de un producto, mandarlo a fabricar para luego ¡venderla!

Existen multiplicidad de negocios que si cree en ellos será capaz de vender y hacer que sus ingresos cada día crezcan más. Todo se basa, como ya lo dije, en creer en el producto, creer en usted mismo y estar siempre motivado para lograr el objetivo: vender y ganar.

El poder de la mente positiva

¿Puede adivinar lo que piensan todo el día la gran mayoría de las personas exitosas? La respuesta es simple: riqueza y abundancia. Las personas felices y exitosas se enfocan en lo que quieren y en cómo obtenerlo la mayoría del tiempo.

El poder del pensamiento positivo te ayuda a desarrollar una actitud mental positiva, esta es una de las cualidades más importantes que una persona debe tener si desea un cambio significativo en su vida. Cuando usted piensa y habla acerca de lo que quiere y cómo obtenerlo, se siente más feliz y en mayor control de tu vida. Cuando está pensando en algo que le hace feliz, su cerebro libera endorfinas, las cuales dan la sensación generalizada de bienestar. Y como resultado de esto usted desarrolla una actitud positiva. Estos beneficios se obtienen con el pensamiento positivo.

INFLUENCIA DEL PENSAMIENTO POSITIVO EN NUESTRAS VIDAS

Nuestra vida cotidiana suele estar llena de sentimientos, pensamientos y actos que en cierta medida son mecánicos, sin que se le preste atención. En esta ocasión, pretendemos fijarnos cómo utilizamos y cómo influyen nuestros pensamientos en el contexto cotidiano.

Algo tan natural e inherente al ser humano como el pensamiento, nos es a la vez tan desconocido en cuanto a su procedencia, formación y consecuencias. Claro, que si de nuestra mente, nuestra gran aliada y desconocida, sabemos tan poco, qué podemos saber del pensamiento. Sin embargo, vamos conociendo algo más sobre su órgano base: el cerebro.

Se debe tener en cuenta que el pensamiento es la manifestación de la palabra sin sonido, hay que considerar la palabra, que será la manifestación del pensamiento.

El pensamiento tiene fuerza y por tanto repercusión sin ser manifiesto, pero por el hecho de haber sido generado ya crea ondas energéticas. Todo pensamiento, sea negativo o positivo actúa sobre su objetivo. Todo dependerá de la intensidad y fuerza del pensamiento. Por lo tanto, lo que le hace feliz son los pensamientos que alberga en tu mente.

Es idóneo conseguir un equilibro entre la mente y el corazón, entre los pensamientos y sentimientos. Según sean sus pensamientos generará su estado anímico.

Pensamiento positivo o negativo

El ser optimista nos ayudó mucho hace miles de años cuando el ser humano tenía que estar alerta por si acaso un tigre se comía la comida. En la actualidad existen menos peligros, pero la gente sigue siendo pesimista, aun cuando vivimos en la época de mayor abundancia de la historia: tenemos teléfonos inteligentes, cuya tecnología utilizó la NASA cuando viajó a la Luna. Tenemos mucha más información que un presidente de la República hace 20 años. El precio de la ropa y de la vida en general ha descendido. ¿Quién podía comprar tecnología o un vehículo hace 70 años? Y aún, a pesar de todo esto, seguimos siendo pesimistas, cuando el poder curativo lo tiene una mente positiva.

La vida con una mente positiva

Desde el punto de vista de la psicología, la visión para que seamos más positivos y optimistas es mantener las expectativas optimistas sobre el futuro, teniendo una implicación en el comportamiento. Básicamente, se refiere a la creencia que las cosas buenas pasarán en nuestra vida. Si actuamos para lograr algo, lo hacemos porque creemos que es probable conseguir esos objetivos a partir de nuestras acciones.

Si nos convencemos de que lo que deseamos conseguir es posible, lo intentaremos con perseverancia, a pesar de que el progreso sea difícil y lento. Si vemos los objetivos inalcanzables, disminuirá el esfuerzo y nos desmotivaremos. Por lo tanto, nuestras expectativas tendrán un efecto en dos tipos de comportamiento: abandonar o persistir.

Existen numerosos estudios que confirman que las personas que son optimistas tienen un mayor bienestar en sus vidas y menos estrés que las personas pesimistas.

Hábitos personales positivos

Los hábitos personales son la clave para nuestro desarrollo personal y nos permiten avanzar en nuestras tareas, ellos influyen poderosamente en nuestros éxitos o fracasos. Si tenemos buenos hábitos, haremos cosas que de otra manera sería imposible lograrlas con certeza.

Un hábito fundamental para conseguir buenos resultados es la gestión del tiempo. Debemos ser perseverantes en el alcance de los buenos hábitos, de esta manera veremos que con el tiempo todas nuestras tareas cuestan menos tiempo hacerlas. Los buenos hábitos son tan adictivos como los malos hábitos, pero los buenos traen grandes recompensas.

Cuando comenzamos una nueva tarea, por ejemplo, ir al gimnasio, lo primero que debemos pensar es si obtendremos beneficios que esperamos a corto plazo y mediano plazo. Si el hábito que deseamos iniciar nos da pocos beneficios tanto a corto como a mediano plazo, probablemente lo abandonaremos. Si nos da beneficios a corto plazo, es casi seguro que continuaremos con él. Por ejemplo, el ejercicio libera endorfinas, hormonas que nos hace sentir bien. Si da beneficios a largo plazo, evaluaremos si merece la pena esperar. Iremos al gimnasio y esperaremos ver resultados al segundo mes.

Después de evaluar los pros y los contras, comenzaremos a prepararnos y nos esforzaremos. Otro hábito productivo es escribir, a corto plazo ameritará esfuerzo y tiempo, pero a largo plazo lograremos autorrealización y la posibilidad de venderlo.

Perseverar

Ante esta palabra nos preguntamos, ¿vale la pena perseverar? ¡Claro que sí! El problema es que en ocasiones creemos que no avanzamos en el aprendizaje de una actividad o en la consecución de un objetivo. Creemos que cuanto más tiempo dedicamos, más desarrollo, y es cierto, pero también la realidad nos dice que existen momentos temporales en que el crecimiento es nulo. Si pensamos en las actividades que ya hemos iniciado, adelgazar, ir al gimnasio, estudiar, nos damos cuenta que ha habido momentos en los que no hemos avanzado nada, o hayamos percibido que nos hemos avanzado mucho. Sin embargo, si persistimos un tiempo prudencial, nos daremos cuenta de los resultados.

EFECTOS DE TENER HÁBITOS POSITIVOS

Cuando somos persistentes en una actividad avanzamos exponencialmente, como ocurre, por ejemplo, cuando practicamos un deporte. Al principio nuestro avance es lento, pero con la práctica alcanzamos un alto nivel de pericia. Estas habilidades aprendidas con una actividad se transmitirán a otras actividades. Por ejemplo, si hemos estado aprendiendo a concentrarnos jugando al ajedrez, aumentará nuestro nivel de concentración practicando un deporte o estudiando.

Por último, quiero hablarles de la metacognición. La metacongnición es la capacidad para pensar sobre nuestros propios procesos de pensamientos. Esta habilidad es muy beneficiosa si no queremos caminar por la vida reaccionando simplemente a lo que se nos pone por delante. Con ella seremos más proactivo y seremos más conscientes de las condiciones que nos rodean y cambiar las que no nos benefician.

La metacognición es pensar en las metas de la vida, lo que hacemos, nuestros valores, por qué hacemos lo que hacemos, de la misma manera nos ayudará a desarrollarnos en nuestras áreas financieras, amorosa, laboral, académica, física, entre otras.

EL LIDERAZGO TRANSFORMADOR: UNA ACCIÓN PARA EL ÉXITO

DEFINICIÓN DE LIDERAZGO

Es el conjunto de habilidades gerenciales o directivas que un individuo tiene para influir en la forma de ser o de actuar de las personas o de un grupo de trabajo determinado, haciendo que este equipo trabaje con entusiasmo hacia el logro de sus metas y objetivos. También se entiende como la capacidad de tomar la iniciativa, gestionar, convocar, promover, incentivar, motivar y evaluar un proyecto de forma eficaz y eficiente, sea este personal o gerencial. En pocas palabras, es la capacidad de poder influenciar a los demás, incentivándolas a que trabajen de forma entusiasta por un objetivo común. Quién ejerce el liderazgo se le conoce como líder.

DEFINICIÓN DE LÍDER

Se considera líder a aquella figura que destaca en un trabajo en grupo o dentro de un conjunto de seres. Así, una persona líder es aquella que es colocada al mando del grupo y que toma decisiones de acuerdo a las necesidades o requerimientos de cada circunstancia.

Un buen líder es una persona que tiene autoridad de manera natural y que la ejerce también de manera natural, sin esfuerzos. El líder es aquella persona en torno a la cual todos los demás se agrupan por determinación casi inconsciente, al observar que esa persona tiene carisma y capacidades para dirigir al grupo.

Es necesario e importante que el líder sea reconocido por el grupo, que no haya otro que pueda discutir su rol, que el liderazgo sea claro y coherente y que demuestre experiencia y conocimiento en la tarea y que sea sociable.

Objetivos de un líder

Llevar la responsabilidad de ejercer un buen liderazgo es una gran meta, puesto que el líder debe ser inspiración para los miembros del equipo; por ello el líder debe portarse y comportarse como los demás esperan, y siendo así, se lograrán los objetivos planteados.

El liderazgo no solo vincula al líder con el equipo más allegado, sino a quienes trabajen para el líder. Es determinante para un líder, obtener la aceptación de su equipo, ya que de esto dependerá el desarrollo de su gestión.

Un liderazgo no se limita al plano laboral; ya que esto puede darse en todos los aspectos de nuestra vida. Es común elegir a un referente en las organizaciones, porque establece una meta y hay que conseguirla gracias al trabajo de equipo que se lidera. Pero fuera de las fronteras corporativas, podemos darnos cuenta que el liderazgo está presente en los ámbitos familiares, religiosos, deportivos.

Ser líder implica llevar una gran responsabilidad, pero de igual manera es una labor que genera grandes satisfacciones.

ESTILOS DE LIDERAZGO

1. *Liderazgo empresarial.* Es el que se relaciona estrechamente con las organizaciones, colaboradores y objetivos de empresa. Este recae sobre el gerente de la empresa. El liderazgo empresarial es vital para una corporación, ya que de este depende el éxito, su productividad y rentabilidad.
2. *Liderazgo transaccional.* Es aquel que reconoce el trabajo de sus colaboradores brindándoles intereses y recompensas para conseguir sus objetivos empresariales.
3. *Liderazgo situacional.* Es el tipo de liderazgo que se asume de acuerdo a la situación en la que se encuentre el líder. El éxito de este estilo depende del desarrollo de los empleados, así como la capacidad de liderazgo de quien está a cargo del grupo humano.
4. *Liderazgo transformacional o transformador.* Es donde el líder busca calar de manera profunda en sus colaboradores para que trabajen conjuntamente mediante un nivel moral alto y una gran motivación, logrando los objetivos de la empresa.

CARACTERÍSTICAS DEL LIDERAZGO TRANSFORMADOR

1. *Valoración del colaborador.* El trabajador es mucho más que una herramienta para ganar dinero, es una persona y merece bienestar.
2. *Le importa lo que piensa.* Lo que el trabajador piense u opine es trascendental para el líder.
3. *"Felicitaciones".* Es importante motivar en las funciones desempeñadas por el equipo.
4. *"Lo hicimos juntos".* Inclusión del equipo en el éxito de la empresa.

5. *Confianza*. Es sumamente importante para el logro de objetivos.
6. Mira al futuro. La proyección de objetivos es fundamental tanto corto, mediano y largo plazo.
7. *Capacidad de riesgo*. Apostando todo para el logro de objetivos.

BENEFICIOS DEL LIDERAZGO TRANSFORMADOR

Dentro de los beneficios de un liderazgo transformador encontraremos que los trabajadores se sentirán a gusto con la organización, vinculándose a proyectos para que lo hagan suyos. En este tipo de liderazgo se considera que el trabajador es sumamente importante, por ello le otorgan confianza suficiente, brindándoles ejemplo para formar una nueva organización a nivel humano y empresarial.

Resumiendo, el liderazgo es la manera en que un líder logra su propósito. Puede tener profundos efectos dentro de una organización y su personal, y puede determinar si una organización es o no eficaz.

Podemos elegir y desarrollar los estilos de liderazgos mediante una auto-evaluación de las tendencias y talentos personales; comprendiendo las necesidades de la organización o iniciativa; observando a otros líderes y encontrando a un mentor; confiando en uno mismo y estar preparado para el cambio.

Por último, un liderazgo transformador fomenta un clima positivo y las buenas relaciones, donde prevalecen emociones positivas. Para crear un ambiente de liderazgo transformador se debe ir más allá de cambios de comportamientos y actitudes. Se deben desarrollar nuevas creencias y valores. Se debe tener el coraje de creer que se puede ir más allá, confiar en la capacidad y buena voluntad de las personas en las posibilidades y en la excelencia superior al límite.

Emprender en tiempos de crisis

Definición de emprendimiento

El emprendimiento es un término muy utilizado hoy en el mundo. Aunque el emprendimiento siempre ha estado presente a lo largo de la historia de la humanidad, pues es inherente a esta, en las últimas décadas este concepto se ha vuelto de suma importancia ante la necesidad de superar los constantes y crecientes problemas económicos.

La connotación actual del vocablo emprendimiento proviene del francés *entrepreneur* y significa pionero, y se refiere a la capacidad de una persona para hacer un esfuerzo adicional por alcanzar una meta u objetivo, siendo utilizada también para referirse a la persona que iniciaba una nueva empresa o proyecto, término que después fue aplicado a empresarios, innovadores o agregaban un valor a un producto o un proceso ya existente.

El emprendimiento es entonces aquella actitud y aptitud que una persona posee y que le permite emprender nuevos retos, nuevos proyectos; es lo que permite avanzar un paso más, ir más allá, de donde ya ha llegado. Es lo que hace que una persona esté insatisfecha con lo que es y lo que ha logrado y como consecuencia de ello, quiera alcanzar mayores logros.

Importancia del emprendimiento

El emprendimiento hoy en día ha ganado una gran importancia debido a la necesidad de muchas personas de lograr su independencia y estabilidad económica. Los altos niveles de desempleo y la baja calidad de empleos existentes han creado la necesidad de generar sus propios recursos, de iniciar sus propios negocios y pasar de ser empleados a empleadores.

Todo esto solo es posible si se tiene espíritu emprendedor, se requiere de una gran determinación para renunciar a la "estabilidad" económica que ofrece un empleo y aventurarse como empresario, más aun si se tiene en cuenta que el empresario no siempre gana como si lo hace el asalariado, que mensualmente tiene asegurado un ingreso mínimo que le permite sobrevivir.

En muchos países latinoamericanos, para muchos profesionales, la única opción de obtener un ingreso decente es mediante el desarrollo de un proyecto propio. Los niveles de desempleo en gran parte de nuestras economías son alarmantes, por lo que resulta de suma urgencia buscar alternativas de generación de empleo, que permita mejorar la calidad de vida de la población.

Es importante que se inicien en los ámbitos nacional e internacional, programas de apoyo a emprendedores, para ayudarles en su propósito de crear su propia unidad productiva.

Muchos países tienen entidades destinadas exclusivamente a promover la creación de empresas entre profesionales y entre quienes tengan conocimiento específico suficiente para poder ofertar su producto o servicio.

La oferta de mano de obra, por lo general, crece a un ritmo más acelerado de lo que crece la economía, por lo que resulta imposible poder ofrecer empleo a toda la población. Es por ello que una opción a la solución de este problema es el emprendimiento, en donde un asalariado se convierte en empresario.

DEFINICIÓN DE EMPRENDEDOR

Todo sujeto que inicia un negocio o crea una pequeña empresa por su propia iniciativa se le conoce como emprendedor. Los expertos sostienen que un emprendedor debe contar con ciertas capacidades para tener éxito: flexibilidad, dinamismo, creatividad, empuje, entre otros. Se tratan de valores necesarios para los emprendimientos ya que se enfrentan a todo tipo de dificultades y quien los impulsa debe estar en condiciones de adaptarse a una realidad cambiante. Es importante mencionar que el trabajo en equipo suele ser el mejor camino a la hora de impulsar un proyecto, ya que potencia las virtudes de cada integrante.

En el emprendedor nace una idea, que por diversas razones despierta en una o más personas el interés suficiente como para embarcarse en un arduo e incierto viaje, que tiene como objetivo hacer realidad dicha idea.

En la actualidad, gracias a las posibilidades que brinda la tecnología, no siempre es necesario contar con mucho dinero para emprender un negocio; pero ciertos elementos tales como la voluntad, la perseverancia y la determinación siguen siendo indispensables.

Uno de los errores más comunes por parte de los emprendedores primerizos, es pretender obtener ganancias durante los dos o tres primeros meses. Dependiendo del rubro, en ocasiones las ganancias pueden tenerse a los seis meses incluso pudiera llegar al año de actividad ininterrumpida.

Es por ello que el emprendedor debe saber encarar la adversidad y seguir luchando sin excepción, tanto contra los reveses de la economía, como la falta de la lealtad de la competencia.

CARACTERÍSTICAS DEL EMPRENDEDOR

En líneas generales un emprendedor debe ser:

1. *Audaz*: debe estar dispuesto a correr riesgos y ser capaz de afrontar las situaciones que se le presenten.
2. *Tenaz*: para levantarse una y mil veces, lograr sus fines, tener una firme convicción y hacer su segundo y tercer esfuerzo si es necesario.
3. *Responsable*: para no culpar a los demás, usar excusas y aprender de las derrotas.

El emprendedor debe tener:

1. *Confianza*: para creer mucho en sí mismo, sentirse capaz de lograr todas las cosas y para que nada ni nadie lo derrumbe.
2. *Iniciativa*: para saber que toda la organización le concierne, para que todas sus contribuciones sean valiosas y para no esperar a los demás.
3. *Voluntad*: para seguir adelante, ser capaz de organizar su vida, ser cumplido y auto disciplinado.

CÓMO EMPRENDER EN TIEMPOS DE CRISIS

Emprender en tiempos de crisis solo puede hacerse de una manera: con una gran idea o un gran sueño que esté dispuesto a defenderlo y llevarlo a la realidad. Ante las crisis económicas el emprendimiento es el salvador de muchas familias, en la medida que les permite iniciar proyectos productivos, con los que puedan generar sus propios recursos y les permita mejorar su calidad de vida.

Quien se anima a construir un negocio en tiempos de crisis está lejos de ser una barrera, se convierte en una gran ventaja. Pero también es necesario mencionar que tendrá debilidades.

Los nuevos emprendedores que han fundar un negocio suelen tener una serie de características, habilidades y rasgos psicológicos más o menos comunes, y los habituales son:

1. *Ser optimistas*: no se trata de un optimismo inconsciente, sino que está impregnado de inteligencia y racionalidad, pero es necesario ese punto de optimismo para lanzarse a una aventura que todo el entorno desaconseja. Muchos emprendedores agradecen una situación de crisis, porque señalan que sus proyectos serán más sólidos y profesionales y que para cuando inicie su gran aventura habrán desaparecido muchos competidores.

2. *La austeridad*: la gran ventaja que supone empezar cuando las cosas vienen mal dadas es que arranca con los pies bien firmes sobre el suelo. Podrá ajustar los costos y gastos al máximo, rebajar expectativas, lo que contribuye enormemente a hacer un plan de su empresa mucho más realista, diferente a hacerlo en estados de bonanzas pues son más idealistas.

3. *Paciencia*: la crisis es positiva porque imprime un poco la lentitud a la maduración de cualquier idea de negocio. Plantéese un posicionamiento a medio plazo. Ármese de paciencia y olvide el cortoplacismo.

4. *Aprovechar las ventajas*: las crisis abren puertas a algunas opciones que antes eran impensables.

5. *Ser muy flexible*: la flexibilidad es una de las principales características de un emprendedor, en ciclos económicos negativos se convierte en imprescindible, porque es nece-

sario saber adaptarse a las circunstancias. La flexibilidad debe estar en el ADN de su empresa.

6. *Rentabilizar las nuevas tecnologías*: con un consumo paralizado, darse a conocer es más difícil que en circunstancias menos limitadoras, por ello es importante aprovechar las herramientas que ofrece el mundo online, para realizar un marketing digital efectivo, sin olvidar el *telemarketing*.

7. *Buscar mercados más allá*: precisamente Internet abre la posibilidad de llegar a muchos mercados que en otros tiempos eran intocables. Ahora es necesario ser emprendedor global, que pueda llegar a mercados que hoy por hoy no están en crisis de demanda. Por ello es importante tener la vista puesta en mercados internacionales que aún no están en crisis de demanda.

8. *Cuidar mucho al cliente y a los proveedores*: de la crisis resurgen solo aquellos que lo hayan hecho bien, y para eso es necesario cuidar mucho al cliente, ofrecer una atención personalizada, pues ahora tienes más tiempo. También con los proveedores debe tener el mismo trato pues eso le la capacidad de renegociar.

9. *Las nuevas tendencias*: los emprendedores de la crisis suelen explotar las nuevas tendencias del mercado, dentro de esta idea están los eco-emprendedores, que se vuelcan hacia la energía sostenible y sus proyectos tienen un marcado carácter "verde".

Podemos concluir que, más allá de los negocios, el emprendimiento es una acción o campaña que requiere de mucho esfuerzo. Sólo mediante el emprendimiento se podrá salir airoso de las crisis. El emprendimiento es el mejor camino para crecer económicamente, para ser independientes y para tener una calidad de vida acorde a nuestras expectativas, lo cual implica desarrollar

una cultura del emprendimiento encaminada a vencer la resisten-
cia de algunas personas a dejar de ser dependientes.

El estrés laboral

El estrés laboral es un tipo de estrés propio de las sociedades industrializadas, en la que la creciente presión en el entorno laboral puede provocar saturación física o mental del trabajador, generando diversas consecuencias, que no solo afectan a su salud, sino también a la de su entorno más próximo.

El estrés laboral aparece cuando las exigencias del entorno superan la capacidad del individuo para hacerles frente o mantenerlas bajo control, y puede manifestarse de diversas formas. Algunos de sus síntomas más frecuentes van desde la irritabilidad a la depresión, y por lo general están acompañados de agotamiento físico y mental.

Además, el estrés en el trabajo está asociado con una reducción de la productividad de las empresas y un descenso de la calidad de vida de aquellos que la sufren, pudiendo incluso ser motivo de baja laboral en los casos más graves, por lo que es conveniente aprender a combatirlo y conocer técnicas eficaces de manejo. También es útil la realización de determinados ejercicios para eliminar la tensión y la escucha de música anti estrés.

Definición de estrés laboral

Según la Organización Internacional del Trabajo (OIT), el estrés laboral es una enfermedad peligrosa para las economías industrializadas y en vías de desarrollo; perjudicando la producción, la salud física y mental de los trabajadores.

La mayoría de los autores definen el estrés laboral como un conjunto de reacciones físicas y mentales que sufre un empleado cuando se ve sometido a diversos factores externos que superan su capacidad para enfrentarse a ellos. Estas reacciones pueden ser fisiológicas, cognitivas, conductuales o emocionales, y por lo general van acompañadas de agotamiento físico o mental, angustia y sensación de impotencia o frustración ante la incapacidad del individuo para hacer frente a la situación o situaciones que generan ese estrés. Un ejemplo clásico de estrés laboral es el síndrome del trabajador quemado, que suele darse en aquellos puestos de trabajo relacionados con atención al público. Este tipo de cargo, en muchas ocasiones, va acompañado de una sobrecarga laboral (por ejemplo, una exposición continua a reclamaciones o quejas de clientes), lo que genera una situación de estrés permanente y acumulativo en el empleado. Finalmente, el trabajador pierde la motivación y se produce una dinámica mental negativa que le hace percibir cada nueva jornada como interminable.

Causas del estrés laboral

El estrés laboral puede estar originado por una excesiva carga de trabajo, por un elevado nivel de responsabilidad que pone a prueba la capacidad del individuo o por unas relaciones sociales insatisfactorias en el puesto de trabajo. Si bien cualquiera de estos tres factores puede originar estrés laboral, en ocasiones una combinación de ellos puede resultar en situaciones más grave que a la larga son más difíciles de tratar. Además, en estos tres factores se añaden otros, que pueden generar situaciones estresantes como la mala planificación de turnos u horarios o una remuneración inadecuada del trabajador.

En realidad, el estrés es una respuesta fisiológica natural del ser humano, pues actúa como un mecanismo de defensa que prepara nuestro organismo para hacer frente a otras situaciones nuevas, que presentan un nivel de exigencia superior o que se perciben como una amenaza. El problema se da cuando esta respuesta natural del organismo se activa en exceso, lo que puede dar lugar a problemas de salud en el mediano y largo plazo, y determinados entornos como el laboral, pueden ser propicios para ello. No obstante, es conveniente señalar que no todos los trabajadores reaccionan de la misma manera, ni un factor que genere estrés en un individuo tiene necesariamente porque generarlo en otro, o con la misma intensidad.

SITUACIONES DISTINTAS EN EL ESTRÉS LABORAL

Dos situaciones distintas se presentan con el estrés, a saber: el estrés positivo: cuya función principal es proteger el organismo y prepararlo frente a posibles amenazas o situaciones que requieran de todas nuestras capacidades físicas y mentales para realizar satisfactoriamente una determinada tarea. Es un estado en el que el organismo logra enfrentarse a las situaciones difíciles e incluso pueden llegar a obtener sensaciones placenteras con ello. En el contexto laboral sería la situación ideal de equilibrio.

El estrés negativo se da como resultado de una respuesta excesiva o prolongada al estrés durante un largo tiempo, que puede dar lugar a desequilibrios físicos y mentales, saturando nuestro sistema fisiológico. Además, esta respuesta excesiva acaba por reducir nuestra capacidad de atención, de decisión y de acción, perjudicando también nuestras relaciones con los demás, al modificar nuestro estado de ánimo. La mejor técnica para evitar caer en situaciones estresantes es evitar de manera eficaz todo aquello que nos conlleva a desequilibrios emocionales o laborales con el fin de prevenir los efectos agudos ocasionados por el estrés. Existen diferentes formas de prevenir el estrés laboral, pero estas pueden ser aplicadas de diferentes maneras a cada individuo, hay un aspecto muy importante que es necesario mencionar y es la necesidad de cambiar estilos de vida rutinarios e incorporar nuevos hábitos que son sencillos y pueden ayudar a la salud física y mental para obtener buenos resultados.

La comunicación asertiva en las gerencias

LA COMUNICACIÓN ASERTIVA Y LA RESOLUCIÓN DE
CONFLICTOS

¿Por qué surgen los conflictos y que podemos hacer para disminuir su frecuencia? Por más obvio que parezca, muchas personas no están conscientes que el origen y la solución de los conflictos se encuentra en el mismo factor: la comunicación. Una comunicación deficiente promoverá los conflictos; una comunicación
asertiva ayudará a encontrar soluciones y acuerdos satisfactorios
para ambas partes.

Hay algo importante que resaltar y es que el conflicto no es
malo, pues, bien manejado promueve la búsqueda de mejores
soluciones para todos y fortalece las relaciones interpersonales,
promueve el respeto a las diferencias de opiniones y lleva a mejores resultados a los equipos de trabajo y organizaciones. Esto,
por supuesto, aplica al ámbito familiar y social. La madurez emocional es la clave que abre la posibilidad: la persona que toma el
primer paso hacia la apertura y la validez del otro, reconociendo
que pueden tener opiniones distintas, lleva la delantera.

El elemento clave para la resolución de conflictos es la escucha y la calidad de escucha. Si el líder de una organización evita enfrentar los conflictos y busca resolverlos, su equipo de trabajo lo imitará.

VENTAJA DE LA COMUNICACIÓN ASERTIVA

Dentro de las ventajas de una comunicación asertiva tenemos que, si esta existe, la conexión emocional es mucho mejor. En segundo lugar, la comunicación asertiva nos hace sentir con una mayor confianza y seguridad de lo que somos y expresamos. En tercer lugar, la comunicación asertiva aumenta la autoestima. En cuarto lugar, la comunicación asertiva permite tener una mayor madurez, ya que priva el respeto y la aceptación en las conversaciones. En quinto lugar, la comunicación asertiva nos acerca al logro de objetivos y la eliminación de la ansiedad. En sexto lugar, mejora nuestra adaptación social. De la misma manera, la comunicación asertiva mejora la empatía entre las partes.

En este sentido, somos libres de tomar nuestras decisiones, expresar nuestras opiniones en el marco del respeto y equilibrio.

La comunicación asertiva es un pilar para tener relaciones felices. La asertividad es la actitud que tiene una persona al expresar su punto de vista claro y de forma respetuosa evitando conflictos.

CÓMO PODEMOS SER ASERTIVOS Y EVITAR CONFLICTOS

La asertividad es un comportamiento comunicacional, en el cual la persona no agrede sino que manifiesta serena y abiertamente sus convicciones, ideas y preocupaciones. Comunicarse de una manera clara es una habilidad que puede ser aprendida mediante un entrenamiento, y uno de los componentes de la comunicación efectiva es la asertividad. La asertividad permite conseguir los propios objetivos sin dañar a los demás. Se respeta uno mismo pero también a quienes nos rodean. Uno actúa y dice lo que piensa en el momento y lugar adecuado con franqueza y sinceridad.

POR QUÉ ES ÚTIL LA COMUNICACIÓN ASERTIVA FRENTE A LA PASIVIDAD O LA AGRESIVIDAD

Hay dos formas negativas de resolver disputas, la primera con agresividad: es la predisposición a avasallar y a salirse con la suya sin llegar a interesarse siquiera por la legitimidad de las demandas de la otra persona. A menudo, quien reacciona agresivamente altera nivel emocional, y puede proferir insultos, descalificaciones y amenazas. Las reacciones agresivas pueden ir acompañadas de ira, pero no necesariamente ocurre siempre así. Hay personas cuya agresividad se expresa con reproches, llantos manipulativos y lamentos. La reacción agresiva se detecta, porque el talante de la persona es no ceder en nada y conseguir que siempre se acabe haciendo lo que ella quiere.

En segundo lugar, las personas pueden reaccionar con pasividad: es la predisposición a ceder en cuanto la otra persona parece empezar a presionar o a enfadarse. En la pasividad uno no se siente con posibilidades de hacerse entender o se siente violento frente a los conflictos, así que los evita. Con este talante la otra persona se reafirma y abusa cada vez más. A veces la pasividad va envuelta de gruñidos y protestas, pero se detecta porque, de hecho, la persona cede y acaba haciendo lo que no quiere ni tiene hacer.

Ahora bien, es útil la comunicación asertiva, pues ante estas dos situaciones podemos resolver los conflictos a través de una conversación buscando alternativas justas para ambos.

QUÉ ES TENER UNA ACTITUD ASERTIVA

La persona que tiene una actitud asertiva es aquella que no tiene miedo a exponer su punto de vista, sin hacer daño a nadie ni lastimar.

Si desarrollamos una comunicación asertiva, veremos efectos positivos en nuestra salud física y emocional. En este sentido reducirá el stress, mejorará nuestras habilidades sociales y personales. Controlará mejor los impulsos o la rabia. Mejorará la autoestima. Entenderemos mejor nuestras emociones. Crearemos situaciones ganar–ganar. Mejorarán nuestras habilidades de toma de decisiones. Ganaremos satisfacción personal y laboral.

Ventas en tiempos de crisis

Debe ser honesto consigo mismo y darse cuenta que su negocio ha sufrido un descenso en las ventas. En este caso, lo primero
que se debe hacer es analizar la causa por la cual las ventas han
caído. ¿Se debe estrictamente a la crisis? ¿Nuestra competencia es
más fuerte que nosotros? En esta situación, antes de tomar nuevas medidas, hay que prestar atención a los motivos de la pérdida
de rentabilidad, ya que puede que desde hace tiempo esté sufrien-
do síntomas del "negocio enfermo."

Por otro lado, puede que nuestro negocio sea de nueva creación, y no ha conseguido alzar vuelo aún, por lo que las facturas
se acumulan una tras otra mientras esperamos eternamente que
nuestros clientes lleguen. Las medidas a adoptar y los pasos que
se van a dar para aumentar las ventas son de puro sentido común,
aunque, a veces, desde el fondo del pozo no podamos ver la luz
con claridad.

Qué hacer en tiempo de crisis para aumentar las
ventas

1. *Cuide tus clientes*: debemos focalizarnos en nuestros actuales clientes, aquellos que ya llevan tiempo confiando
   de nuestros productos o servicios. Es necesario entender
   que si ayudamos a nuestro cliente a crecer y conseguimos
   fidelizarlo, este aumentará su número de pedidos y, por
   consiguiente, repercutirá positivamente en nosotros. Está
   claro que un cliente satisfecho nos reportará recomenda-
   ciones y ellos nos aportarán nuevos clientes.

2. *Busque nuevos clientes*: también debemos salir en búsqueda de nuevos clientes y nuevos mercados. Cuando las ventas escasean en nuestra zona hay que ampliar horizontes
   y expandirse, en tiempos de crisis hay que crecer. Atraer
   a clientes que llevan confiando en otra empresa no es una
   tarea sencilla, por lo que hay que desarrollar un buen trabajo de calle y comercial, teniendo que hacer en ocasiones
   concesiones como descuentos extraordinarios (vamos a
   llamarlo *inversión*) para conseguir una oportunidad.

3. *Renegocie con proveedores*: reúnete con los actuales proveedores para negociar nuevas condiciones de precios,
   por lo que deberás usar a tus proveedores como apoyo
   para poder ofrecer mejores precios a tus clientes. En caso
   de que no estén por la labor, quizás sea momento de buscar nuevos proveedores que te ofrezcan una calidad simi-
   lar y un mejor precio.

4. *Invierta en publicidad*: para captar nuevos clientes, hacer
   llegar su producto o su servicio a más clientes, se traduce
   en una mayor posibilidad de ventas. Valore las diferentes
   formas de publicidad de su negocio. No vea la publicidad
   como un gasto sino como una inversión.

5. *Persiga nuevos modelos de negocios*: cuando hablamos de nuevos modelos de negocios, hablamos tanto de nuevos productos y servicios, como de nuevas formas de venderlo. Aunque suene repetitivo, hoy día, un negocio debe tener presencia en internet y vender en la red. Además, debemos buscar nuevos productos o servicios complementarios a nuestro negocio y que sean atractivos para nuestros clientes actuales y futuros, en resumen: diversificarnos. En resumen, a mayor variedad, mayor posibilidades de venta.

6. *Cuide su imagen*: para los ojos de nuestros clientes actuales y futuros, incluso competidores, la imagen de la empresa cuenta, y mucho. La imagen vende, transmite confianza a sus clientes e interés por su marca.

7. *Sáquele el jugo a internet*: antes hablaba de la importancia de la presencia en internet. Ahora se trata de explotarlo al máximo, porque se debe hacer una buena labor de *Network Marketing*. Únase a las redes sociales, cree un blog para informar, es la mejor forma de acercar tu marca a la gente.

8. *Use estrategias inteligentes de marketing*: cree sinergias, colabore con otras marcas, cree alianzas, esto le crecer, y son parte de las estrategias inteligentes más usadas.

ADAPTE SU MARKETING Y SUS TÉCNICAS DE VENTAS EN TIEMPOS DE CRISIS

La explicación de porqué muchas empresas deben cerrar ante una caída de ventas debido a la crisis, mientras otras no solo sobreviven, sino que incluso incrementan sus ventas, es que estas últimas, saben adaptarse al cambio que supone una crisis económica. Eso no significa obligatoriamente bajar los precios, esa es solo una de las opciones, y hay que usarlas con cuidado, por el margen de "marca barata" que transmitirá a sus clientes. La verdadera clave está en el cambio de estrategia de marketing y en la forma de vender. Por ejemplo, muchas empresas de productos se reinventan y van abriendo mercado en el extranjero, dedicándose cada vez más a la exportación, mientras muchas empresas de servicios, van posicionándose en internet, lo que permite tener clientes en todo el mundo.

Valor de la creatividad en tiempos de crisis

Opte por el valor y la creatividad, no solo es válido para tiempos de crisis, es el camino para cualquier tiempo, aunque en esta época se convierte en una gran necesidad. En lugar de competir por precios, hágalo por el valor que aporta, así cuando pase la crisis tendrá una marca bien posesionada y podrá subir sus ventas gracias al incremento del poder adquisitivo de tus clientes.

Además del esfuerzo de entregar un alto valor a sus clientes, es momento de esforzarse en aumentar su creatividad para ofrecerles paquetes interesantes y atractivos, campañas de marketing novedosas o divertidas, hágale ver los beneficios que obtendrán, además de captar nuevos clientes.

La crisis es una realidad y tenemos que tenerla en cuenta. Las empresas y los emprendedores necesitan reinventar sus estrategias a fin de aumentar sus ventas, sin dejarse abatir por el pesimismo reinante, porque aunque el poder adquisitivo en general ha disminuido, siempre hay clientes que necesitan sus productos o servicios. Cierro con la siguiente frase: los chinos utilizan dos pinceladas para escribir la palabra crisis. Una pincelada significa peligro, la otra oportunidad. En una crisis toman conciencia del peligro pero reconocen la oportunidad.

Estrategias de resolución de conflictos de un gerente del siglo XXI

Conocer y manejar estrategias para resolver múltiples contratiempos y conflictos del día a día es imprescindible en el mundo gerencial actual, puesto que los gerentes del siglo XXI están sometidos continuamente a cambios y situaciones retadoras.

Por ello, el desafío de la actual gerencia del siglo XXI es minimizar y transformar los conflictos a su máxima expresión, tomando en cuenta esos cambios surgidos dentro de las empresas: falta de comunicación, malos entendidos, momentos de tensión. Es así que el papel del gerente, encargado de la dirección o coordinación de una organización, institución o empresa, es utilizar eficientemente los recursos a su alcance a fin de obtener el máximo beneficio de los mismos. Para esto es importante que los gerentes de este siglo corran con los tiempos y pongan en práctica estrategias y procedimientos que ayuden a solucionar disputas, con prácticas preventivas de solución de problemas, orientadas a gestionar, no solo las situaciones de forma aislada sino también la diversidad de conflictos que se presenten dentro de las organizaciones o en las relaciones, transformándolos de manera pacífica y constructiva.

De modo que, considerando que el conflicto es inevitable y que es parte de la vida y las organizaciones, la gerencia deberá aprovechar las oportunidades que puedan reconocerse a partir de los conflictos, evolucionando continuamente y dando respuestas a necesidades internas como externas.

Así, lo ideal es conocer el manejo efectivo de nuevas estrategias para abordar los conflictos satisfactoriamente, implementando herramientas que puedan aplicarse como parte de las políticas gerenciales.

Definición de conflicto

Es conveniente comenzar con la definición de conflicto; conceptualizándolo como una palabra que se utiliza comúnmente en el discurso cotidiano para etiquetar diferentes experiencias humanas que van desde la indecisión hasta el desacuerdo o el estrés.

Tomando como referencia el concepto de Amado (2015), se puede decir que el conflicto es un fenómeno social que expresa una contraposición de intereses, una incompatibilidad de conductas, cogniciones, incluyendo metas y/o efectos entre individuos o grupos, que pueden o no conducir a una expresión agresiva de su incompatibilidad social.

"Aunque generales y puntuales, estas consideraciones nos permiten afirmar que el conflicto alude a situaciones de tensión, lucha, pelea entre dos partes o sectores. Hay que hacer énfasis en estas dos palabras: "partes" o "sectores", porque con ellos se quiere poner de relieve que quienes se ven involucrados son partes de un todo. Como se indicó antes, el conflicto también se relaciona con percepciones y emociones, por lo que también se podría plantear un conflicto a partir de percepciones y los razonamientos de las personas". (Amado, 2015).

De manera que el conflicto no escapa a las organizaciones modernas. Este puede surgir como una molestia que evita que las relaciones se realicen en todo su potencial, y puede causar irreparables daños a los individuos que hacen vida en una determinada empresa.

Pero esto no es razón de alarma, puesto que, como se mencionó, los contratiempos y conflictos son parte de la vida y, en las organizaciones, se encuentran determinados por factores estructurales, siendo parte integral de los procesos de cambio por lo que es parte natural de cualquier relación comunicacional.

Es por esto que los gerentes de estas instituciones del siglo XXI, como medio de detección de conflictos, deben saber de negociación, mediación y conciliación, además de reconocer los objetivos personales de sus miembros, puesto que en esa medida llegan a comprometerse los objetivos de la organización, existiendo por parte de ellos un mayor sentido de pertenencia de la empresa.

En este sentido, lo importante es saber manejar el conflicto, ya que puede tener diversas consecuencias dentro de la empresa.

Manejo del conflicto en los entornos empresariales

Cuando un gerente tiene claro que existen los conflictos y que existen las herramientas para manejarlos, se puede decir que habrá la disposición de manejar los conflictos en los entornos empresariales, brindando con ello beneficios a la organización y al personal en general.

No obstante, es posible que en las empresas no aborden los conflictos de manera sistemática, sino por separado. En ocasiones podrán abordarse por categorías o, dependiendo de los casos, sin que se examinen el origen y raíz de los problemas, siendo esto lo más importante de detectar y abordar para así lograr una sustancial transformación.

Es por ello que la gerencia del siglo XXI debe estar preparada para gestionar adecuadamente los conflictos, dando paso con ello a las acciones que favorezcan la solución y no afecten la organización, ya que muchas veces el no saberlos enfrentar puede llevar a situaciones negativas para la empresa, por tanto se deberá analizar el alcance de las repercusiones del mal manejo del conflicto.

Dentro de los puntos de vista positivos del manejo de los conflictos en los entornos empresariales están:

1. Cambio de actitudes personales y colectivas.
2. Estimulo de la creatividad y la innovación.
3. Generación de competencias en temas poco productivos.
4. Muestra de necesidades de control en algunas áreas.

Cuando existen desacuerdos, podrían estos puntos considerarse productivos, siempre y cuando se desarrollen con base al diálogo y respeto de las nuevas ideas.

Para ello, es necesario definir los roles dentro de una organización como nivel de autoridad, responsabilidad, recursos, valores y, además de esto, establecer procesos en las tomas de decisiones que resulten aceptables para todos en una empresa; modificando los estilos de coerción por el de persuasión, permitiendo una diversidad de enfoques que estimulen la eliminación de sus diferencias, apartando la definición del problema en termino de valores.

Manejo de estrategias de resolución de conflictos por parte del gerente.

Ante los conflictos organizacionales, el gerente debe establecer diversas estrategias para el logro de las situaciones de manera pacíficas. Presentar varias estrategias es importante, pues cada persona y cada organización deberán de recurrir a ellas, dependiendo de la situación en que se encuentre.

Estrategia de negociación

En el tema gerencial, se puede afirmar que la negociación es un proceso mediante el cual dos o más partes se reúnen para discutir o establecer un contrato, definir las pautas de la relación laboral, comprar o vender un producto o servicio y resolver diferencias que puedan surgir tanto con el personal como con los proveedores. También, la negociación sirve para establecer costos, establecer placer de trabajos, formular cronogramas entre otras actividades.

El objeto que se persigue con la negociación es concretar un compromiso final entre las partes, en donde ambas partes obtienen beneficios satisfactorios.

Para obtener una negociación exitosa el gerente deberá de:

1. Conocer bien los asuntos a negociar.
2. Cooperar en lo posible con la otra parte.
3. Ser flexibles, aceptar los cambios y puntos de vistas opuestos.

Estrategia de la mediación

La mediación es un proceso de negociación asistida, donde el mediador aplica las estrategias de negociación, buscando y cercando a las partes en busca de que ellas mismas generen las soluciones de la problemática.

Un gerente mediador busca que no existan pérdidas en la empresa. La mediación gerencial funciona con mucho éxito, y se basa en el hecho de que existe una relación de interdependencia entre las partes en conflictos, puesto que trabajan juntos, en la misma empresa.

Desde el punto de vista del gerente, la mediación gerencial no tiene como objetivo solventar solamente los problemas personales de sus empleados, pues lo que interesa al gerente es que los empleados rindan lo esperado y que las diferencias personales sean dejadas de lado, hablen del problema y busquen soluciones sin afectar los intereses de la empresa.

ESTRATEGIA DE LA CONCILIACIÓN

En la conciliación se utilizan herramientas de negociación; brindado soluciones a las partes en conflicto, permitiendo que ellas escojan, dentro de esa gama de soluciones, la solución final al problema. Uno de los aspectos positivos de la conciliación gerencial es que es una vía preventiva de la solución de los problemas dentro de las organizaciones. Un gerente conciliador tendrá como resultado una organización más exitosa y productiva.

RETOS DEL GERENTE DEL SIGLO XXI

El gerente del siglo XXI debe estar preparado para el ritmo acelerado de cambios de hoy en día. Debe tener siempre una visión de transformación de conflictos, que es el gran reto para las nuevas gerencias, rompiendo un poco los paradigmas de aquellas gestiones solo exitosas. Una gerencia que marca la diferencia es una gerencia que se traduce en productividad, eficiencia y éxito. Para ello debe poseer una comunicación asertiva con su equipo de trabajo. Ser proactivos e innovadores conllevará al logro de objetivos planteados dentro de la organización.

Ser un gerente socialmente responsable tanto con la comunidad como con el medio ambiente, hace que cada día sean un gerente integral, que cumple tanto con su organización, la empresa, la comunidad y el medio ambiente.

Referencias

Amado, Lucy (2015). *Resolución de conflictos*, Maracaibo, Venezuela.

LA CONSTRUCCIÓN DE UN NUEVO LIDERAZGO BASADO EN LA CULTURA DE LA CONFIANZA

La confianza organizacional en este nuevo milenio tiene su asiento en la buena voluntad de la persona, basada en las creencias de que los otros individuos son competentes, honestos, fiables y consistentes por encima de los intereses del empleado. Estos valores deben ser incorporados, de manera que determinen los tipos de conductas, eventos y situaciones que las personas dentro de una organización deseen o no deseen. Los valores contribuyen en la experiencia de la confianza, en este sentido tanto las actitudes como los valores son la clave que determina cómo las personas deben evaluar a otras y a la organización.

Es importante destacar que nuestra cultura la construimos con base a relaciones de confianza. Las culturas de las que somos miembros (organizacionales, sociales y políticas), definen sus cualidades sobre la base de la confianza de sus individuos. Se confía en que otros obedezcan reglas básicas de comportamiento. En efecto, todos los aspectos de una relación laboral, es decir, nuestras culturas organizacionales, se basan en la confianza.

Gran parte de la cultura hoy está plagada de relaciones y de esas relaciones a diario surgen múltiples conflictos. Lamentablemente, parece que la gente ha perdido la confianza en sus líderes y en los programas que lideran. Puede observarse una gran brecha de falta de confianza en los negocios, en las agencias gubernamentales, entre otras organizaciones. La desconfianza general hacia los líderes de hoy día, se debe precisamente al quiebre cultural que existe. Muchas de nuestras organizaciones y familias carecen de la cohesión que la confianza mutua provee. Una de las consecuencias de la falta de confianza hacia un líder es el aislamiento y la ansiedad.

El liderazgo y confianza

Para seguir desarrollando este interesante tema, es imperioso recordar qué se entiende por liderazgo. En este sentido, van a ser el conjunto de habilidades gerenciales o directivas que un individuo tiene para influir en las formas de ser de las personas o grupo de persona determinado, haciendo que trabajen con entusiasmo, en el logro de metas y objetivos. En relación a la definición de la confianza, podemos decir que es la creencia en que una persona o grupo será capaz y deseara actuar de manera adecuada en una determinada situación y pensamiento. La confianza es la firme seguridad que alguien tiene de otro individuo o de algo. La confianza puede reforzarse o debilitarse, de acuerdo a las acciones de una persona. La confianza es al menos la suspensión temporal de la incertidumbre, respecto a las acciones de los demás. Cuando alguien confía en otro, cree que puede predecir sus acciones y comportamientos. Por lo tanto la confianza simplifica las relaciones. De esto puede decirse que un verdadero liderazgo debe transmitir confianza, influyendo a las personas o grupo y que esta influencia produzca seguridad y certidumbre, de manera que sea todo en función de logros de metas, objetivos y de manera segura.

Aplicación del liderazgo y la confianza en la vida cotidiana

El liderazgo hoy día en la vida cotidiana debe considerarse como un liderazgo desarrollador –no controlador– de sus seguidores. De esta forma, se pueden lograr desarrollo e integración entre sus seguidores. En este sentido, el líder tendrá como desafío transformar a sus seguidores en un conjunto equilibrado y capaz de sostener una acción unificada y cooperativa. Si en la cotidianidad se siente un clima de confianza, tendrán un entorno más fiable, seguro y con más equidad. La confianza puede alterar significativamente la efectividad individual y organizacional. Es la confianza más que el poder y la jerarquía la que realmente hace funcionar con eficacia una organización.

En qué consiste el liderazgo basado en la confianza

Un liderazgo basado en la confianza será aquel que brinde a sus seguidores con integridad y honradez, de manera que, a la hora de generar cambios culturales orientados a convertir la empresa en el mejor lugar para trabajar o su comunidad el mejor lugar para vivir. Un liderazgo basado en la confianza es aquel en donde existe una consistencia entre lo que *dice* el líder y lo que *hace* el líder. Un líder se gana la confianza por medio de sus actos y en consecuencia por medio de la certidumbre que brinda a los demás. "El problema de hoy en día no es la falta de liderazgo, sino en la falta del clima de confianza, en donde el liderazgo es posible y sin el cual es imposible...".

Cómo debe ser un líder que promueve la cultura de la confianza

Para que un líder pueda promover la cultura de la confianza es necesario que sus acciones presuponga una actitud que emane seguridad y esperanza firme. Cuando un líder promueve la cultura de la confianza, predice sus acciones y comportamientos en el otro. Un aspecto importante dentro de la cultura de la confianza y el líder, es la comunicación, si este posee una comunicación asertiva, cónsona a lo que sus seguidores entienden, la confianza cada día será más fuerte. Por supuesto, una mala o distorsionada comunicación, traerá como consecuencia desconfianza e incertidumbre. Un líder, a través de su actitud positiva, proactiva, su capacidad de entusiasmo y comunicación, será capaz de generar una construcción en las relaciones de confianza, obedeciendo reglas básicas del comportamiento. Por lo tanto las características de un líder que promueva confianza son: 1. Asertivo. 2. Comunicador. 3. Pro activo. 4. Seguro de sí mismo y de sus acciones. 5. Carismático. 6. Pro dialogo, pro negociador y pro acuerdos.

BENEFICIOS EN ORGANIZACIONES, COMERCIOS Y EMPRESAS DEL EJERCICIO DEL LIDERAZGO BASADO EN LA CULTURA DE LA CONFIANZA

Los beneficios de la cultura de la confianza tanto en organizaciones, comercios y empresas es que esta se caracteriza por ser benévola, sincera y bondadosa, de manera que en estas organizaciones existirán valores comunes, integrados a metas comunes. Podemos definir a la confianza organizacional como la buena voluntad de cómo comprometerse en la toma de riesgo tomando en cuenta todas las partes. Tales resultados incluyen: la cooperación, distribución de información y voluntariedad. La persona que confía en otra, permite que aquella persona tenga control sobre los problemas que son importantes de resolver, La confianza organizacional es la actitud de ayuda al individuo. Con todo esto, una organización, un comercio o una empresa basado en la cultura de la confianza, será más productiva y más asertiva en las solución de sus problemas.

LA CONFIANZA Y LOS LÍDERES COMPROMETIDOS CON LOS CAMBIOS

Ante los constantes cambios de hoy en día, un líder debe estar más comprometido con la confianza que brinda a su equipo, pues, los cambios, de por sí, suelen generar conflictos y si estos son tan acelerados tal y como se presenta en la vida moderna, este debe brindar todas las herramientas para convencer que los pasos que se dan y todos los actos que sucedan, de igual manera los llevará a la consecución de objetivos; todo esto llevado de una manera competitiva y obediente. La desconfianza se genera cuando un individuo o grupo es percibido como la antítesis de los valores de la cultura de la organización. Un líder comprometido con los cambios y la cultura de la confianza, logrará el éxito en tiempos de cambios dirigiendo al equipo con integridad y honradez y la capacidad de transformar a nuevas estructuras.

ÍNDICE